O ESTADO DOS
EMIGRANTES

Preencha a **ficha de cadastro** no final deste livro
e receba gratuitamente informações
sobre os lançamentos e as promoções da
Editora Campus/Elsevier.

Consulte também nosso catálogo
completo e últimos lançamentos em
www.campus.com.br

O ESTADO DOS EMIGRANTES

O 28º ESTADO BRASILEIRO
UM MERCADO DE US$ 60 BILHÕES

JOSÉ CARLOS SEBE MEIHY
& RICARDO R. BELLINO

© 2008, Elsevier Editora Ltda.

Todos os direitos reservados e protegidos pela Lei 9.610 de 19/02/1998.

Nenhuma parte deste livro, sem autorização prévia por escrito da editora, poderá ser reproduzida ou transmitida sejam quais forem os meios empregados: eletrônicos, mecânicos, fotográficos, gravação ou quaisquer outros.

Editoração Eletrônica: Estúdio Castellani
Revisão Gráfica: Andréa Campos Bivar e Jussara Bivar

Projeto Gráfico
Elsevier Editora Ltda.
A Qualidade da Informação.
Rua Sete de Setembro, 111 – 16º andar
20050-006 Rio de Janeiro RJ Brasil
Telefone: (21) 3970-9300 FAX: (21) 2507-1991
E-mail: *info@elsevier.com.br*
Escritório São Paulo:
Rua Quintana, 753/8º andar
04569-011 Brooklin São Paulo SP
Tel.: (11) 5105-8555

ISBN 978-85-352-2713-0

Nota: Muito zelo e técnica foram empregados na edição desta obra. No entanto, podem ocorrer erros de digitação, impressão ou dúvida conceitual. Em qualquer das hipóteses, solicitamos a comunicação à nossa Central de Atendimento, para que possamos esclarecer ou encaminhar a questão.

Nem a editora nem o autor assumem qualquer responsabilidade por eventuais danos ou perdas a pessoas ou bens, originados do uso desta publicação.

Central de atendimento
Tel.: 0800-265340
Rua Sete de Setembro, 111, 16º andar – Centro – Rio de Janeiro
e-mail: info@elsevier.com.br
site: www.campus.com.br

CIP-Brasil. Catalogação-na-fonte.
Sindicato Nacional dos Editores de Livros, RJ

B385e   Bellino, Ricardo, 1965-
O estado dos emigrantes : o 28º estado brasileiro –
um mercado de US$50 bilhões / Ricardo Bellino, José Carlos
Meihy. – Rio de Janeiro : Elsevier, 2008.

ISBN 978-85-352-2713-0

1. Brasileiros – Estados Unidos. 2. Trabalhadores
estrangeiros brasileiros – Estados Unidos. 3. Migração.
I. Meihy, José Ricardo, 1943-. II. Título.

08-0728.   CDD: 305.8698073
                                            CDU: 314.742(73)

APRESENTAÇÃO

CASAS BRASILEIRAS

Quando Ricardo Bellino me recomendou a leitura de *O Brasil fora de si* do Professor Meihy, não me informou qual o assunto que nele era abordado. Foi uma grande surpresa mergulhar nos bastidores da vida dessa brava gente, o Emigrante Brasileiro. Quase como um *voyeur* em um assento privilegiado, pude conhecer as poucas histórias de sucesso, e as muitas experiências sofridas cotidianamente por nossos conterrâneos no exterior.

Eu próprio já fui um emigrante; estudei e me formei nos Estados Unidos.

O que me surpreendeu foi o fato de eu jamais ter enxergado o emigrante da forma como passei a fazê-lo, a partir daquela leitura. E mais ainda, depois que o Bellino me deu a sua interpretação do *Big Picture*, ou sua visão macro desse contingente de conterrâneos que vivem além-mar.

Sempre abordado sob uma ótica sócio-antropológica, pela primeira vez o assunto me foi trazido sob a perspectiva de seu potencial econômico.

Não há estatísticas oficiais confiáveis; fala-se de um número entre 2,5 e 5 milhões de brasileiros residindo atualmente no exterior. Mas o inegável, seja qual for esse número, é que eles geram em conjunto, uma renda superior a US$60 bilhões e remetem para o Brasil mais de US$7 bilhões todos os anos. Montante de recursos que chega ao país de forma pulverizada, com uma média próxima aos US$450 por remessa, diluindo assim a importância e a dimensão do todo, bastante significativas.

O curioso, descobrimos, é que nem o próprio emigrante tem noção desse seu potencial como um grupo. Ele enxerga apenas a sua contribuição individual, conformando-se com a absoluta falta de controle que exerce sobre os recursos, depois que ele os envia a seus familiares no Brasil. Cabe aqui dizer que, nos Estados Unidos, dois terços dos emigrantes brasileiros estão em situação ilegal e, portanto, banidos do sistema bancário, sem acesso a cartões de crédito e outras formas de gerenciamento de seu dinheiro. Ou seja, a grande maioria não tem meios para controlar o destino do dinheiro que envia para o Brasil, tendo que se valer do discernimento daqueles que são os receptores dos recursos, nem sempre em alinhamento com o seu próprio. Não são raros os casos em que planos de saúde foram cancelados, imóveis foram tomados, veículos ficaram sem seguro, nomes foram manchados no Serasa e em cartórios, por falta de pagamento de um carnê, de uma prestação. Não por falta de dinheiro, que havia sido disponibilizado, mas por desorganização, esquecimento, prioridades diversas daquelas do familiar emigrante, e muitas vezes por simples desonestidade.

Foi aí que Ricardo Bellino enxergou um potencial negócio: a idéia seria criarmos um sistema que devolvesse ao emigrante o controle sobre o próprio dinheiro. Uma solução que permitisse, a seu critério, determinar o grau de autonomia que seus dependentes teriam sobre os valores enviados.

Ao mesmo tempo, esse sistema permitiria que o emigrante pudesse fazer diretamente um planejamento financeiro através de uma poupança, de um plano de capitalização e compras programadas.

Foi aí que nasceu a CASAS BRASILEIRAS, uma empresa voltada exclusivamente para os interesses dos emigrantes e seus familiares e dependentes no Brasil. Um portal "One Stop Shop" onde o brasileiro em qualquer país do mundo, poderá fazer uma poupança programada, uma previdência privada, adquirir diretamente, desde um plano de saúde, uma geladeira, um automóvel e até uma casa, enfim, um grande leque de produtos e serviços a serem entregues no Brasil.

Estamos fechando acordos com um grande número de agentes remetentes pelos quais, além da Internet, o emigrante poderá também realizar suas transações.

A Casas Brasileiras também devolverá ao emigrante algo que lhes faz uma enorme falta, o acesso ao crédito, através do Cartão Casas Brasileiras e de linhas especiais de financiamento.

Sempre com o objetivo de garantir ao emigrante a máxima qualidade e segurança, fizemos parcerias com empresas fortes, entre as maiores de seus respectivos segmentos, como a Construtora Tenda, o Ponto Frio, a Microlins e outras em fase de negociação.

Uma importante recente adesão foi a da Rede Record de Televisão, que com sua forte presença nacional e internacional viabilizou de forma mais contundente a comunicação com nosso público. Uma série de especiais e programas do interesse do emigrante brasileiro está atualmente em desenvolvimento

Estamos convictos de que além de um potencial grande negócio, a Casas Brasileiras também prestará um legítimo serviço a esse enorme e carente contingente.

Conscientes das necessidades e agruras pelas quais passam nossos patrícios no exterior, a Casas Brasileiras engajou-se firmemente em um grande projeto social que visa melhorar as suas condições de vida, apoiando e promovendo a "Organização Estado dos Emigrantes", uma instituição não-governamental sem fins lucrativos que advogará em favor dessa classe que tanto dá ao Brasil, e pouco recebe em troca.

Existem outras louváveis iniciativas nesse sentido, como a liderada pelo jornalista Rui Martins, residente em Berna na Suíça, mas talvez por falta de apoio ou poder de articulação, nenhuma delas até hoje conseguiu dar a projeção necessária a esse importante movimento e conseqüentemente nenhum resultado prático foi obtido até agora.

Será nossa missão, buscar soluções reais que beneficiem os "habitantes" do Estado dos Emigrantes, cuja população abrange também seus familiares e dependentes no Brasil.

Atuaremos fortemente junto ao Congresso Nacional, aos governos em todas as suas esferas e a vários segmentos da sociedade com o objetivo de buscar soluções importantes como representatividade na Câmara Federal, incentivos fiscais que promovam e retribuam seus investimentos no Brasil, ações que facilitem o exercício de seus direitos e deveres, e um conjunto de idéias que estão sendo propostas e discutidas por vários adeptos à causa.

Com o objetivo de dar tangibilidade a essa instituição Estado dos Emigrantes, foi criada uma bandeira, um brasão (ilustrado na capa deste livro) e o hino desse "estado", que se estivesse de fato em território brasileiro, figuraria entre os maiores. Todos esses itens podem ser conhecidos no site da organização: www.estadodosemigrantes.org

Esperamos com nosso apoio e iniciativas, fomentar um movimento global que conscientize e una os brasileiros espalhados pelo mundo em torno de objetivos comuns.

Estamos diante do nascimento de um novo território, virtual ainda que seja, mas que vem para acolher e proteger seres humanos de verdade, com problemas reais, sonhos legítimos e muita capacidade e vontade de trabalhar e produzir, como bons cidadãos que são do grande Estado dos Emigrantes.

WELLINGTON AMARAL JUNIOR
Presidente das Casas Brasileiras

INTRODUÇÃO

Em **O Estado dos Emigrante**s, quisemos fazer um livro diferente. Mais do que uma análise exaustiva dos motivos externos ou dos números e estatísticas dos que deixam o Brasil para **morar fora**, pretendemos reconhecer na história dessa gente a grandeza de seus atos e os compromissos que assumem perante si, familiares e com a sociedade em geral. Partindo das experiências de pessoas comuns, constatamos que nos dramas da mudança havia razões desconhecidas e que mereciam ser valorizadas para melhor compreensão dos diversos ângulos do fenômeno. A intenção foi entender o sentido da luta de quem tem coragem de se arriscar, enfrentar situações complexas para viver em outro contexto e mesmo assim não deixar de ser brasileiro. A proposta central foi identificar nesta aventura individual e coletiva resultados capazes de elevar a **auto-estima** desses heróis anônimos, às vezes malvistos e sempre colocados em questão.

Procuramos reconhecer nas vivências desses *novos emigrantes* o lado positivo e valorizar uma aventura moderna, universal, que acontece no mundo globalizado, mas que tem um passado remoto. Vendo de perto a luta diária de milhares de emigrantes espalhados por diversas cidades dos Estados Unidos e do mundo, pretendemos dimensionar uma ação quase sempre desrespeitada por quantos, sem cuidados, colo-

> "O todo sem a parte não é todo,
> a parte sem o todo não é parte,
> mas se a parte o faz todo sendo
> parte, não se diga, que é
> parte sendo todo."
> GREGÓRIO DE MATOS

cam o emigrante brasileiro como um tipo de desertor da própria cultura, como alguém que sai e que por isso rompe com um pressuposto histórico sagrado, ou seja, do Brasil como país que recebe estrangeiro. A visão do movimento migratório como prática camuflada ou bandida oculta a possibilidade de se pensar de maneira inteligente e sensível um processo que hoje é irreversível e de impacto fundamental na vida nacional. Como esse movimento se inscreve em um fenômeno de escala planetária, obriga a necessidade urgente de atualização dos critérios analíticos a respeito da questão emigratória. É estranho, mas o olhar sobre emigrantes é ainda o mesmo aplicado aos nossos avós que vinham para ficar e não tinham alternativas de retorno.

Partilhar publicamente esta discussão é um dos alvos essenciais deste livro. Sim, o que mais motivou este trabalho, além da abertura da discussão para o público em geral, é um diálogo com os participantes do processo, com aqueles que se sacrificam em busca de um lugar ao sol no espaço mundializado. Com certeza, a memória do país de origem, do nosso Brasil, é parte da bagagem emocional dos que se vão. A quatro mãos fizemos uma parceria em que José Carlos Sebe Bom Meihy e Ricardo Bellino dialogam sobre temas ligados à prática da emigração. O livro foi dividido em duas partes: Bellino entrevista Meihy e depois a situação se inverte. No primeiro caso, o tema da emigração na História assume o teor da conversa. No segundo, a entrevista é conduzida de maneira a mostrar como a emigração se torna tema da vida de um empreendedor de sucesso. Colocados em diálogos, ambas as partes são sinalizadas pelo nome dos protagonistas. Reunidas, as duas falas representam interlocuções complementares: a voz do empreendedor e a do historiador visando o entendimento da experiência dos brasileiros nos Estados Unidos no mundo da emigração e dos novos negócios que se armam em coerência com as transformações de nosso tempo.

Letras de música, poemas e conceitos foram intercalados para estimular a leitura da primeira parte que discute o sentido da emigração. Frente aos resultados, alerta-se: pretendemos recontar a experiência de um empreendedor considerando o impacto do experimento de emigrante assumido pelos autores. No caso de Bellino, de neto de português e atento à inscrição do Brasil no campo empresarial no mundo globalizado; e Meihy, de filho de libaneses e pesquisador dos dilemas dos brasileiros que vivem fora do país. Tratar a emigração para nós, portanto, é mais do que ver o "outro/outra", é reconhecer naquelas experiências a nossa própria. Este roteiro de trabalho propõe retomar a epígrafe escrita séculos atrás por Gregório de Mattos, mas atual na definição de partes de um mesmo todo.

Assim, desejamos a todos uma boa leitura.

JOSÉ CARLOS SEBE BOM MEIHY

RICARDO BELLINO

SUMÁRIO

PARTE I

CAPÍTULO 1	Navegar é preciso... Emigrar também?	3
CAPÍTULO 2	Fundamentos da moderna emigração	19
CAPÍTULO 3	Dois mitos viajantes	35
CAPÍTULO 4	Nuestra América	47
CAPÍTULO 5	Razões da emigração	65
PALAVRAS FINAIS	Ser brasileiro fora do Brasil é possível?	87

PARTE II

CAPÍTULO 6	Uma história para Ricardo Bellino	95
PALAVRAS FINAIS	De heróis anônimos ao sucesso	129
POSFÁCIO	Brasil: Somos parte do mundo globalizado	147

PARTE I

CAPÍTULO 1

NAVEGAR É PRECISO... EMIGRAR TAMBÉM?

*Lancei ao vento meu pensamento emigrante,
a minha poesia de homem solto.
E colhi em cada palavra
A aragem fresca da manhã.*

ROGÉRIO MARTINS SIMÕES

BELLINO

Para mim é uma alegria participar deste livro. Confesso: há algo de novo nesta espécie de "brincadeira séria", muito séria, aliás. A parceria com um acadêmico e historiador me pareceu um desafio desde o início. O convívio, contudo, mostrou que a oportunidade mais do que estimulante poderia ser criativa e dar bons resultados. Conversar livremente sobre temas de interesse comum e imprimir neste diálogo uma dimensão ampla, nacional, é uma oportunidade ímpar. Diria que tudo começou quando li o livro do professor Meihy *Brasil fora de si: experiências de brasileiros em Nova York*. Sempre me impressionou muito a saga de brasileiros – empreendedores da própria vida, artistas da própria história – que deixavam o país em busca de soluções para o futuro. Seria essa uma aventura isolada? Haveria nisso um esforço emigratório diferente? Quais as razões imediatas e remotas para tanto? Essas e outras questões fermentavam em minha mente quando precisei, por motivos profissionais, ver esse fenômeno além da curiosidade. Foi nesse contexto pessoal que me veio às mãos o tal livro e nele vi a riqueza das histórias pessoais e os detalhes íntimos revelados em histórias fantásticas que, muitas vezes, se perdem no anonimato. Assim, optei por formular perguntas que costuram as trajetórias dos emigrantes envolvidos nesse processo com algumas reflexões históricas que dão sentido ao fenômeno que é mais amplo do que se imagina. Mas vamos começar ouvindo casos, porque eles falam mais do que muitas teorias. Depois de cada relato de Meihy, farei meus comentários e avançarei com perguntas distribuídas por capítulos.

Meihy

Então, vou começar contando a história de um casal, de duas pessoas que se encontraram nos Estados Unidos e lá resolveram fazer uma parceria interessante, de afeto e propósitos. Convém notar que ambos são mineiros e isto é bom para que levemos em consideração o papel pioneiro desse grupo no processo emigratório de brasileiros que buscam os Estados Unidos para morar.

É comum, logo que se pensa em emigração de brasileiros para os Estados Unidos, fazer uma associação entre os mineiros e as diversas cidades norte-americanas por onde os brasileiros se espalham, mas também é válido lembrar que o grosso da emigração de mineiros se deu em décadas passadas e, ainda que continue, hoje há outros estados que se distinguem: Goiás, Espírito Santo e Mato Grosso do Sul, principalmente. Mas deixe-me contar a história desse casal.

Meihy

A HISTÓRIA DE SANDRA E SANDRO

Acho que a história de Sandra e Sandro serve como um bom começo. Há muita coisa em comum nesse caso de dois personagens que se encontraram nos Estados Unidos. Uma moça e um rapaz, os dois brasileiros morando juntos, ambos trabalhando em Danbory, CT, cidade localizada a uma hora de Nova York. Aliás, essa região abriga mais de 70 mil brasileiros que correspondem a cerca de 22% da população total. Esta área é um dos dez pontos mais procurados por brasileiros nos Estados Unidos. Pois bem, foi lá que Sandra e Sandro se conheceram.

A HISTÓRIA DE SANDRA

Mineira de Machado, Sandra resolveu que apagaria as velas de seus 32 anos *"longe de casa"* e deixaria para trás *"muita raiva do ex-namorado que a traiu com a melhor amiga, com quem foi morar em Belo Horizonte"*. Mas Sandra também tinha outros motivos para deixar a cidadezinha mineira: *"Precisava crescer na vida"* e então *"juntei tudo, fiz um rolo só: terminei o noivado e resolvi num 'vapt-vupt', assim mesmo, num estalo, sair e virar a mesa"*. Pegou dinheiro emprestado com *"toda a família, não quis nem saber como iria pagar"*, disse explicando seus métodos: *"soube que em Poços de Caldas tinha uma agência que arrumava tudo e, então, por telefone mesmo, acertei com a mulher"*. A grande dor de Sandra era deixar a família: mãe, duas irmãs menores e um sobrinho, mas ela garantiu que iria mesmo por causa deles *"para garantir um futuro melhor para todos"*. Com coragem e a papelada pronta, foi para Belo Horizonte no dia combinado, e sequer os familiares poderiam ir se despedir no aeroporto *"para evitar aquela coisa que parece velório"*. Com lágrimas nos olhos Sandra confessou que *"nunca tinha sentido tanto medo"*, mas estava resolvida. E partiu. Ao chegar foi recebida por uma amiga, também de Machado, que a ajudou no começo. *"Meu primeiro trabalho foi em um restaurante brasileiro, mas depois passei para um salão e agora trabalho na loja de uma equatoriana, e sou a melhor vendedora."* Dizendo-se bem, garante que manda dinheiro todos os meses, o que possibilita que o sobrinho estude e que as irmãs viajem de férias. O que Sandra não diz é que trabalha doze horas por dia, tem depressão e morre de saudade de todos. Tudo fica oculto em um simples *"tem que valer a pena! Tem mesmo, pois passei um ano ralando para pagar a passagem para todo mundo que me emprestou a grana da vinda e ainda a comissão da mulher de Poços, que me explorou até..."* Confessando que o melhor de sua experiência foi ter conhecido Sandro, ela fez questão de apresentar o rapaz.

> *"Achei que o jeito era sair daquele lugar. Tinha que me dar uma oportunidade de trabalho, romance e dinheiro."*
> SANDRA MARIA OLIVEIRA LIMA

A HISTÓRIA DE SANDRO

"Como a Sandra, sou mineiro também, de Três Corações, mas nos conhecemos aqui." Ela chegou *"faz um ano e dois meses, eu já estava por aqui há uns quatro"*. Ambos se encontraram em uma festa junina em Bridgeport, perto de Danbory, há uns oito meses e logo resolveram morar juntos. Dizendo que *"juntamos o útil, o agradável e o econômico, e tudo está dando certo"* ele se mostra realizado. As razões que levaram Sandro não foram amorosas como as de Sandra, de que juntou desenganos.

O rapaz disse que *"sempre quis sair do Brasil para ver o que acontecia"* e sua estratégia foi completamente diferente da companheira: *"fui guardando dinheiro, tostão por tostão. Procurei conhecer gente que tinha vindo e conversei bastante com todos. Meus pais apoiaram e até deram uma ajudinha financeira"*. Dizendo-se impossibilitado de ir ao Brasil, garantiu que o irmão mais velho viria visitá-lo em duas semanas e que traria os dois sobrinhos. Sandro trabalha, como sempre fez nos Estados Unidos, como pedreiro. Dizendo que *"aprendi aqui, com a necessidade, mãe de todas as artes"*, o rapaz demonstra ter realizado um projeto diferente do de Sandra: fez tudo com calma e premeditadamente, *"até inglês estudei um pouco antes de vir"*.

> "Vim porque sempre sonhei em morar aqui, mas sou brasileiro. Quero me casar e ter filhos, acho que até encontrei, aqui, minha mulher. Ela é brasileira."
> SANDRO MARTON

Bellino

Impressionante como a combinação dessas duas histórias serve para que pensemos nos projetos pessoais de emigração. São motivos completamente diferentes os de Sandra e Sandro: ela tomou a decisão de repente, se endividou e veio sem nenhum preparo; *"risco"* seria uma boa palavra para ela. Ele, cuidadoso, foi juntando dinheiro, estabeleceu contatos e traçou um caminho seguro; *"prudência"* seria uma boa palavra. Os dois se encontraram nos Estados Unidos e uniram suas experiências. É interessante como, sob outro solo, ambos se encontram e se arrumam, ainda que vindo de projetos pessoais diferentes. O que é certo é que já havia uma memória coletiva, um impulso firmado inconscientemente, motivando saídas. Talvez o destino tenha proposto novas situações

> **NAVEGAR É PRECISO; VIVER NÃO É PRECISO**
> FERNANDO PESSOA
>
> Navegadores antigos tinham uma frase gloriosa:
> "Navegar é preciso; viver não é preciso."
> Quero para mim o espírito [d]esta frase,
> transformada a forma para a casar como eu sou:
>
> Viver não é necessário; o que é necessário é criar.
> Não conto gozar a minha vida; nem em gozá-la penso.
> Só quero torná-la grande,
> ainda que para isso tenha de ser o meu corpo
> e a (minha alma) a lenha desse fogo.
>
> Só quero torná-la de toda a humanidade;
> ainda que para isso tenha de a perder como minha.
> Cada vez mais assim penso.
>
> Cada vez mais ponho da essência anímica do meu sangue
> o propósito impessoal de engrandecer a pátria e contribuir
> para a evolução da humanidade.
>
> É a forma que em mim tomou o misticismo da nossa Raça.

para os dois jovens, mas a participação pessoal, as decisões de cada um também atuaram de maneira a dar forma a alguns ideais e sonhos de futuro. Poderia sintetizar este comentário salientando a importância de se considerar o *"risco"* e a *"prudência"*. Essas são sempre as demandas de quem sai em busca de um cenário diferente para viver o futuro. Quando os dois lados se combinam encontramos o termo médio, ideal para a aventura emigratória.

Meihy

Um aspecto interessante da emigração brasileira para os Estados Unidos é que a mudança de país se dá muitas vezes com pessoas sozinhas, solteiras e em plena capacidade de trabalho. É lógico que encontramos também casais e famílias emigrando em conjunto, mas na maioria dos casos o que se nota são indivíduos e, mesmo quando o projeto é familiar, é comum um cônjuge ir antes, individualmente, a fim de arrumar tudo para depois promover a mudança do grupo. Chama atenção também o fato sutil desse fluxo, pois a emigração de brasileiros para os Estados Unidos não tem sido um processo sincrônico, linear, dirigido ou mesmo programado por acordos e apoiado por instituições. A "espontaneidade" do fluxo precisa ser entendida como senha para explicações complexas sobre esse fenômeno. Fato inegável e importante é a progressão numérica que cresce de maneira a chamar a atenção geral. Mesmo que alguns artigos recentes anunciem o "fim do sonho americano/brasileiro" garante-se que o processo é irreversível, e as práticas conseguidas assinalam para a existência de uma **cultura de emigração**.

Bellino

Muito tem se falado em emigração, mas o que caracteriza a emigração? Será que emigrar é mesmo necessário ou devemos pensar que a emigração brasileira para os Estados Unidos é um fenômeno isolado, recente e de difícil explicação?

Meihy

Respondo sua pergunta apoiando-me no famoso verso de Fernando Pessoa "N*avegar é preciso; viver não é preciso*" que mais tarde, em 1969, Caetano Veloso assumiu na canção *"os argonautas"*. Estes versos de Pessoa servem de pretexto para introduzir a discussão sobre brasileiro emigrante. Essa expressão – "*Navegar é preciso; viver não é preciso*" – é velha, nasceu na Roma Antiga e entrou no vocabulário comum, em latim, graças ao general Pompeu (106-48 a.C.) que, supostamente, em pleno campo de batalha gritava "*navigare necesse; vivere non est necesse*". O lema do valente comandante foi depois imortalizado no brasão de Hamburgo, sede da Liga Hanseática. Não deixa de ser oportuno retomar a mensagem desse verso e aplicá-lo ao caso dos emigrantes, em particular dos brasileiros que buscam os Estados Unidos como porto para esperanças. "*Navegar é preciso, viver não é preciso*", repete-se. O verbo "*precisar*" usado como agente de "*navegar*" é sutil e tem dois sentidos:

1. "*Precisar*" pode significar "*necessidade*".
2. Vale também como "*exatidão*", "*rigor*" ou "*precisão*".

Ainda que não seja possível dizer quem traduziu do latim "necesse" por "precisar", na ambigüidade reside um desafio importante: emigra-se por necessidade ou precisão? Tanto faz a variação de significados se aplicamos o verso ao caso das levas de "viajantes" que deixam suas terras em direção a outras. Pode-se justificar a aventura da luta por um melhor lugar social como "*necessidade*", "*imperativo*" ou como "*justeza*" ou "*concisão*". Mas de todo jeito o ato de "mudar" tem suas razões e fundamentos, e um dos grandes problemas da mudança de um país para outro está na definição dos porquês. Isto é sério, visto que um dos pontos mais problemáticos dessas viagens é a defesa de seus motivos. Afinal, por que trocar de país ou países? Então, indica-se que a emigração é característica do comportamento humano, e o que acontece com os brasileiros agora é um redirecionamento de uma tendência que responde a impulsos tão antigos como a própria história da humanidade. Mesmo considerando a necessidade imediata e as motivações contemporâneas, seria um erro supor que não

---

POR QUE OS HOMENS MIGRAM?

Muitas das respostas atuais têm pouca relação com as antigas. E mesmo as antigas, dependendo de quais forem, podem não revelar muita coisa. Talvez nem haja sentido em se falar de razão ou causa. Migrar, cortar campos, varar montanhas, atravessar rios, cruzar desertos e evitar pântanos quando a Terra ainda era um mundo desconhecido é parte da saga humana. Essa memória não foi completamente apagada mas, aparentemente, as migrações atuais não passam de acomodações desses movimentos muito mais antigos.
ULISSES CAPOZOLI

há uma *memória histórica* no processo emigratório que assistimos de brasileiros indo para fora do país, em particular para os Estados Unidos.

BELLINO

Se o que define emigração é um projeto continuado, não provisório, como podemos caracterizar essa emigração? O que distingue uma emigração espontânea das outras? Quais os atributos básicos para um emigrante ter sucesso em seu empreendimento?

MEIHY

A emigração espontânea, diferentemente daquela peremptória, forçada, do exílio, depende primeiro de motivações pessoais e depois das condições econômicas, capazes de garantir sustento de quem emigra. Nesse sentido, é fundamental que os emigrantes tenham claras as explicações e os porquês das mudanças e pensem nas alternativas de trabalho que terão de enfrentar. Antes de tudo, porém, é importante que cada um tenha certeza dos motivos da emigração. Somente um projeto consistente garante segurança nos planos de permanência no país hospedeiro e permite avaliar o curso da mudança. Ter consciência dos motivos da viagem é o primeiro compromisso de quem pretende ter controle do próprio destino e dar uma lógica a essa experiência tão difícil. Como um mapa para conduzir os sonhos de melhores condições de vida, o detalhamento das razões da mudança deve orientar os objetivos que podem ser de:

1. Realização pessoal em contraste com dificuldades deixadas.
2. Melhoria "natural" das condições sociais e econômicas.
3. Busca de uma segunda chance para projetos frustrados nos recantos de origem.

É importante ter muito claro por que se deixa: família, amigos, a língua que falamos, os lugares que conhecemos, nosso time de futebol e as escolas de samba favoritas. Sem consciência das razões da emigração, podemos nos perder em dúvidas e hesitar; não ter certeza é um dos piores verbos conjugados pelos emigrantes. Tomando como ponto de partida mais uma vez o verso de Fernando Pessoa, caberia a cada um responder se foi por *"necessidade"*, *"naturalmente"* ou em busca de *"uma segunda chance"* que se propõe essa viagem, e só assim poderíamos responder se "navegar é preciso", e se emigrar também é.

BELLINO
Então, o que há de permanente e de novo na atividade emigratória em geral? Como promover um olhar histórico sobre esse processo?

MEIHY
Deixar um lugar em busca de outro diferente como prática remota implica aceitar a busca de algo melhor. Sempre o que se pretende é progredir e isso se explica em projetos, em sonhos de realização. É bom começar admitindo que essas motivações são perenes na história e, como um impulso permanente, tem que ser visto como processo transcendente porque sem esta certeza o que resulta é uma espécie de culpa, julgamento errôneo, má compreensão da participação individual no fluxo de deslocamento. E não há, de maneira alguma, como negar que a atitude emigratória é tão velha como a própria humanidade. Não são poucos os que reconhecem nos movimentos migratórios uma atividade inerente à dinâmica social e que atravessou todos os tempos ocupando os espaços e dando sentido à história. Sem a emigração, como falar da transformação das culturas e das sociedades? Tomemos como exemplo o caso de nosso país: o que seria do Brasil sem os emigrantes? E dos Estados Unidos?

É a mudança e a interação de povos que movem as sociedades que ao longo dos tempos perderam a condição de "autóctones" e ganharam agilidade e dinâmica no convívio étnico, social e cultural. As mudanças populacionais sempre existiram e em levas, mas cada época tem suas motivações e nelas os sujeitos individualmente também. Os impulsos de grupos de emigrantes do século XIX, por exemplo, foram distintos dos de hoje, em que a melhoria dos transportes, o barateamento dos custos de viagens, as facilidades de locomoção, o turismo e as possibilidades de trabalho e estudos se modificaram drasticamente. Muitas vezes, contudo, estas razões não são explicadas e isto provoca erros na avaliação de cada processo. É comum supor que quem muda de país atualmente tenha as mesmas justificativas de nossos antepassados próximos ou distantes. Isso, contudo, não é legítimo. Atualmente mudam-se por outras razões e, muitas vezes, esses motivos não são forçados. A globalização, cada vez mais, motiva trânsitos populacionais e neles os emigrantes devem saber seu papel, sem o qual tudo ficaria inexplicável. O Brasil é parte do mundo moderno, e neste sentido recebemos também impulsos que afetam as mudanças demográficas. O "ir-e-vir" deve também ser imaginado como tendência que se desdobrará ainda mais no futuro. Por isso é bom que tenhamos um olhar mais justo sobre aqueles que chegam ou saem de uma cultura em busca de outras.

BELLINO

Muitos de nós temos pais, avós, parentes envolvidos nos velhos processos emigratórios – eu, por exemplo, sou descendente de portugueses, e você, de libaneses – mas será que, individualmente, a emigração sempre teve o mesmo peso?

MEIHY

É relevante que lembremos que a emigração dos dias de hoje ao mesmo tempo que mantém o histórico teor de continuidade, abriga também fatores diferentes dos processos anteriores. O impulso é o mesmo, mas os meios operacionais e as justificativas são diferentes. Vejamos, por exemplo, o impacto da aviação. Onde antes as viagens demoravam cerca de três meses da Europa para a América, hoje em mais ou menos dez horas podemos fazer o mesmo percurso. Essa não é uma alteração desprezível, pois representa uma evolução muito mais complexa. As mudanças dos transportes nas viagens refletem também as motivações delas e nisso atua também a duração da permanência *fora*. Se voltar, retornar ao ponto de origem, antes era uma realidade quase impossível, hoje não é mais. Até pelo contrário, ficou tão fácil regressar que devemos supor em cada caso de emigração espontânea o sentido absoluto de ser, realmente, emigrante. Contudo, isto é arriscado pois aos antigos, aos nossos avós, não cabia pensar no regresso, e agora devemos ter consciência dessa possibilidade.

Ter conhecimento de que a história de cada país se mistura com as saídas e ingressos de pessoas são fatores importantes porque assim podemos trabalhar melhor com questões como o desafio de deixar a nossa terra para viver em outra cultura sem culpa ou remorso, mas é importante saber distinguir no movimento geral, coletivo, os impulsos pessoais. Um se explica no/pelo outro, e ambos no contexto do mundo globalizado. No caso da saída de brasileiros para o exterior devemos pensar que muita gente sai, mas isto nada tem a ver com patriotismo ou com desejo de deixar de ser brasileiro. E tem mais: muita gente aprende a dar valor ao Brasil quando está longe.

Bellino

Quais as forças que motivam um processo emigratório e onde estão as justificativas mais antigas que explicam esse movimento? Pelo que entendi, é necessário ter uma noção do processo histórico para melhor compreender a realidade atual.

Meihy

É verdade, a História ajuda a compreensão do fenômeno emigratório e nesse sentido convém lembrar que muitos textos religiosos são abertos com a presença de um casal original e seus descendentes. O "lugar" do sustento e da criação dos filhos logo se torna ponto de discussão sobre a adequação do espaço físico, da sobrevida e continuidade familiar. Adão e Eva, por exemplo, foram expulsos do Paraíso segundo a Bíblia e assim inauguraram uma saga de "viagens" em que a busca pelo próprio sustento tornou-se sinônimo do trabalho conseguido *"com o suor do próprio rosto"*, e o trabalho foi aproximado do sacrifício de quem busca melhores condições. Assumindo o conteúdo simbólico dessa expulsão como uma primeira grande mudança, a partir dela pode-se pensar que a história jamais dispensou a atividade viajante e de trabalho. A busca do lugar ideal para se viver, aos poucos, foi forçando deslocamentos que motivaram justificações morais, éticas e práticas. Não é errado dizer que as utopias nasceram da aspiração por sítios perfeitos. E o que seria da humanidade sem utopias?

> "A maldição bíblica de Adão e Eva e a discórdia de Caim e Abel servem de sugestão para explicar os conflitos, batalhas e até guerras que se seguiram à expulsão do Paraíso. As disputas fraternas ampliam as possibilidades, pois constituem um modelo de rivalidade entre 'irmãos' projetadas na história."
> MIRCEA ELIADE

Bellino

É verdade que na raiz de cada sociedade há sempre uma semente emigratória, mas, de maneira geral, o fenômeno é visto pelos olhos comuns, como uma questão de mão-de-obra em que o que atrai é o dinheiro/emprego – em particular no meio urbano, industrial, em países desenvolvidos. Não será o trabalho que move essas pessoas? Não seria então o desejo de ganhar dinheiro e se realizar profissionalmente que motiva as mudanças?

Meihy

Sob esse olhar, pensando que é apenas o trabalho que move centenas de pessoas em busca de outros locais, poucas vezes os emigrantes são vistos além do dinheiro que recebem ou procuram. Mas constatar isso é uma simplificação. Aliás, convém retomar a frase célebre de Max Frisch, teatrólogo suíço, que pensando no impacto dos emigrantes nas sociedades industriais afirmou *"pedimos trabalhadores e chegaram seres humanos"*. Isto convida a desmentir a visão utilitarista e unilateral que vê nos emigrados apenas empregados, mão-de-obra mais barata, pessoas destituídas de outros sonhos e desejos de realização. Os demógrafos, por sua vez, pensam na emigração em termos de números, considerando as políticas de alimentação e as razões sociais dos fluxos. Cientistas sociais vêem a emigração como blocos ambulantes em que as políticas motivam transferências explicadas pelas estruturas sociais. Pouca atenção tem sido dada ao lado humano do problema, em particular quando se pensa no emigrante em sua ação individual e solitária. Dificilmente, para quem se envolve num gigantesco processo como a emigração na era da globalização, percebe o próprio papel como peça da grande máquina que move o mundo. O exemplo de Adão e Eva expulsos do Paraíso é interessante por mostrar metaforicamente a necessidade do trabalho e a busca do lugar para viver, e isso interessa por ligar emigração ao sustento e à realização como seres humanos que, através dos tempos, têm que sair, procurar e... achar.

Bellino

Mas se quem emigra não sai apenas por motivos pessoais, há sempre outra motivação. Como se pode perceber o peso da decisão de cada um? Por que os analistas não levam em conta a participação pessoal nesse imenso processo? Há a anulação das individualidades? Elas não têm sentido para os especialistas em emigração?

Meihy

Um aspecto importante da literatura e do debate sobre a emigração é que poucas vezes os protagonistas falam por si ou se expressam no limite de sua ação isolada. Sempre, fatalmente, o que se ouve são explicações e análises feitas por "especialistas", por pessoas que vêem o processo sem, contudo, participar diretamente dele. O enquadramento dos indivíduos em complexas teorias e no debate sobre a emigração, muitas vezes, além de silenciar seus participantes, força interpretações que distorcem os motivos centrais capazes de explicar detalhes de cada leva emigratória. Logicamente é importante respeitar esses olhares, mas questiona-se, se na altura de nossos dias, não caberia reconhecer a experiência dos emigrantes pela própria voz e propor análises que partam dessas realidades para chegar a explicações mais amplas. As justificações pessoais podem garantir fundamentações humanizadas sobre pressupostos que na maioria das vezes se perdem nas reflexões sobre as estruturas econômicas, políticas ou sociais que amparam os processos emigratórios. Além de tudo, perceber como os emigrantes se vêem no processo geral é um desafio, visto que a magnitude do movimento é tão grande que raramente os indivíduos se sentem inscritos nele. Pode-se dizer que o fato de as análises serem, preferencialmente, blocos de pessoas motiva uma reação onde se nota os escritos testemunhais.

> "A fuga do real, ainda mais longe do feérico, mais longe de tudo, a fuga de si mesmo, a fuga da fuga, o exílio sem água, e palavra, a perda voluntária de amor e memória, o eco."
> CARLOS DRUMMOND DE ANDRADE

Bellino

Mas então, por que as pessoas, individualmente, não são consideradas? O que faz calar a história de tanta gente comum, de pessoas que afinal dão sentido ao processo? Não há sensibilidade social para que essas histórias apareçam?

Meihy

Poucas vezes se pensou na emigração "trocada em miúdos", em que as vozes dos agentes ganhassem força explicativa das razões pessoais no jogo entre a ação individual e os contextos. Caso prestássemos atenção à intimidade dos impulsos individuais e nos preocupássemos em explicá-los no coletivo, teríamos claro que se trata de pequenos heróis, lutadores anônimos, seres que buscam cá e lá saídas para seus dramas que no fundo, de alguma forma, são de todos. A emigração é um fenômeno que, mesmo quando visto em nível pessoal, afeta a comunidade como um todo. Levar em conta que o ponto de partida é o sujeito que emigra e o impacto disso em sua família e na comunidade "permite" perceber que sua saída é um recurso conseqüente para se entender a ampliação e o impacto no conjunto. E não se fala apenas do lugar de partida. Não. O ambiente de chegada também é transformado.

BELLINO

Deixe-me ver se compreendi bem – para bom entendimento da emigração na História, é preciso considerá-la um processo:

1. tão antigo como a existência humana;
2. em que ocorrem variações sujeitas aos motivos de cada época, mas que o trabalho é sempre o fator mais facilmente justificável, ainda que não seja o único;
3. também sujeito às pressões políticas, comportamentais, religiosas, de trabalho;
4. no qual os indivíduos devem relacionar as ações individuais com as coletivas e não pensar, no caso contemporâneo e nosso, apenas no fenômeno brasileiro;
5. que tem, em termos nacionais, dois lados que tanto explicam a saída como o ingresso de emigrantes; e
6. que mesmo sendo um ato individual afeta desde a família até o conjunto dos países envolvidos.

Mas, para terminar este capítulo, conte outra história.

A HISTÓRIA DE LINDALVA

Lindalva saiu de Ourilândia do Norte, estado do Pará, em busca de um lugar melhor para viver. Dizendo que *"lá não tinha futuro"* e que todos que podiam deixavam aquela região *"sem luz, água encanada e sem trabalho"*, restava a ela fazer *"como todo mundo: pegar a estrada"*. Garantindo que viajar é uma prática *"normal"*, valeu-se da tradição das migrações internas para justificar sua façanha. Primeiro foi para a cidade de São Paulo, depois passou um tempo em Resende, no estado do Rio de Janeiro, e por fim tentou Belo Horizonte. Segundo ela *"era um pouco de tempo em cada cidade e nada de me ajeitar, não queria ser empregada doméstica e não tinha oportunidade de trabalho em fábrica ou no comércio"*. A certeza de que encontraria um *"lugar certo onde pudesse viver bem"* a fazia buscar sempre outras soluções. Em Belo Horizonte, no entanto, Lindalva conheceu um companheiro que lhe propôs *"ir pros States"*. Não teve dúvida, com seus 28 anos de valentia, sem saber muito sobre as dificuldades que a aguardavam, juntou *"umas coisinhas que tinha"* e conseguiu, com ajuda do rapaz, comprar a passagem a ser paga *"em dez vezes"*, e lá se foi Lindalva. *"Nem avisei a família, e nem adiantava, eles não sabem mesmo onde fica os States"*, dizia entre o riso e o desconsolo. *"Cheguei com 145 dólares mas com muita garra. Como estava em um lugar que não conhecia, sabia que tinha que vencer as dificuldades e isto me ajudou. Se soubesse quais eram as dificuldades, acho que não teria vindo não."* O companheiro escolheu Nova York como lugar de chegada e como tinha amigos ou contatos acertados, foram para Newark, porque ouviram dizer que lá *"tem mais brasileiro que chuchu em cerca"*. Dois dias depois *"ainda cansadona"* ela arranjou trabalho como babá de uma criança brasileira e *"foi só me adaptar, dar um tempinho, para ir para outro serviço, de entregadora de pizza. Comprei uma bicicleta e fazia entrega perto da pizzaria, à noite"*. Trabalhava muito, mas *"fui juntando um dinheirinho"*. O companheiro não teve a mesma sorte e voltou depois de cinco meses. Ela ficou, arranjou outro namorado, brasileiro também, e hoje mora em Washington, DC, onde trabalha como auxiliar de cozinha em um restaurante em Georgetown, próximo a Universidade.

Avaliando sua experiência, Lindalva disse em tom conclusivo *"procurei e achei. Todos têm direito a um lugar porque somos filhos de Deus"*. Ao se despedir, um

> *"Gosto de viajar. Sou do norte, do Pará. Lembre-se que antes de mim muitos já pegaram o 'ita no norte, pra ir pro Rio morar'."*
> LINDALVA DA FONSECA

tanto emocionada, disse: *"Olha, quero voltar, mas antes preciso garantir que volto bem."* Em tom irônico, Lindalva disse *"pois é, eu não queria ser doméstica no Brasil mas acabei entregadora de pizza aqui"* e por fim garantia *"mas aqui ganho o suficiente para me sentir gente"*. *"Não sei dizer se para todo mundo mudar de país é preciso. Garanto que para mim foi, só ganhei. Ganhei e muito, e ainda sou brasileira."*

BELLINO

A história de Lindalva indica, entre outras, duas coisas importantes: a constante busca de um lugar melhor e a intenção da volta. Ir e vir, no caso dos brasileiros nos Estados Unidos, é um projeto de feições provisórias ainda que nem sempre seja assim. Pensando com sensibilidade nesta narrativa, podemos perguntar: Onde estaria a utopia de Lindalva?

A procura – primeiro dentro do Brasil e depois fora – atesta o movimento em favor de soluções para uma vida melhor. Há alguma continuidade nisso. Mas existe também algo de novo, característico de nosso tempo. Chama a atenção nesse caso o fato de Lindalva ser mulher e ter coragem de levar em frente um ideal de realização pessoal. Mas também é interessante como ela se associa a pessoas que se propõem a ir juntas. A determinação de Lindalva em ficar nos Estados Unidos mesmo em face de revezes mostra que ela soube juntar a vontade de crescer com um cenário favorável.

Manter a intenção de voltar também merece consideração, pois mostra um domínio da própria história. Apesar de parecer desprovida de glamour, a experiência de Lindalva deixa ver uma esperteza de uma mulher que sozinha aprendeu a se virar e pensa na própria sobrevivência seguindo seus impulsos.

E AGORA?

- Você já se sentiu parte da coletividade de emigrantes que integra o quadro universal?
- Você já considerou que faz parte de um movimento que, em conjunto, questiona os valores do mundo como: justiça social, direito a melhores condições de vida e mobilidade física e geográfica?
- Pensando em sua condição atual, você tem controle de sua experiência de emigrante?

PARA PENSAR

"Todo mundo da minha família mudou de lugar, de estado ou é emigrante, mas quando resolvi vir para os Estados Unidos parecia que eu estava começando uma história. Não entendo isso."

MARCOS SANTOS IANELLI, 26 ANOS,
CAÇAPAVA, SP/STAMFORD, CO

"Sou um pingue-pongue, um desses caras que vão e voltam. É só ter uma festa no Brasil, um jogo importante ou mesmo para fazer uma surpresa que pego o avião e em dez horas estou em Belo Horizonte."

BERNARDO, 43 ANOS,
BELO HORIZONTE, MG/NOVA YORK

"Dizem que todo brasileiro tem mania de contar sua história. Acho que é verdade, mas não é mania não. É necessidade de se explicar."

EDILBERTO MENDES, 46 ANOS,
BELO HORIZONTE, MG/NOVA YORK

CAPÍTULO 2

FUNDAMENTOS DA MODERNA EMIGRAÇÃO

A vida só é possível reinventada.
CECÍLIA MEIRELES

BELLINO
Passemos a outro bloco de questões: se o ato emigratório é uma combinação entre impulsos históricos e motivações pessoais que se dão no presente, como se comportar em meios que não percebem isso? Falo dessa questão porque normalmente o que se vê é uma rejeição grande ao emigrante. Sei que há exceções, mas o comum é um tratamento "menor" a quem chega, como é visto nos centros hospedeiros. Dizendo de outra maneira, normalmente não se nota acolhidas eufóricas aos que vêm "de fora". Mas para aquecer os argumentos, conte mais uma história que indique a necessidade moderna de emigrar e fale das motivações individuais.

MEIHY

A HISTÓRIA DE KLEBER

Lembrei-me da história de Kleber porque há nela algo de dramático, quase trágico, aliás, por isso ela é digna de aprofundamento. Sem pai, sem mãe ou irmãos, o rapaz santista sempre foi retraído e até triste. Ser "caladão" é um dos atributos de quem, aos 23 anos, resolveu se mudar para Atlanta, GA, onde está há mais de um ano. Ao dizer que viajar era um jeito de vencer a timidez, Kleber despertava curiosidade. Tudo, porém, se explica pelo drama que passou desde garoto. Os pais morreram quando ele tinha menos de cinco anos. *"Foi num desastre horrível"*, dizia comovido. Sozinho, filho único, só lhe restava perambular da casa de parente em parente até que os sete anos, como afirmou: *"Tive que entrar para a escola e então 'fiquei fixo' na casa de tios que não tinham filhos."* Para quem via de fora tudo era uma maravilha, porém *"os dois me faziam sofrer muito, me humilhavam e eu era mesmo um peso para eles. A única pessoa boa era dona Aurélia, a empregada, que parecia me compreender"*. O contexto de uma família espanhola malresolvida limitava o jovem que até mesmo para estudar Direito, mais tarde, teve problemas. Foi exatamente no episódio dos estudos que se deu o conflito derradeiro entre o moço e seus *"tutores"*. Após passar no vestibular da PUC de Santos, no período noturno, os *"padrinhos"* não queriam que ele cursasse porque chegaria tarde em casa. Isso foi o seu limite. A saída era *"sair de casa"*, mas sem dinheiro disponível não poderia alugar nada. *"Tive que arranjar um emprego de empacotador no supermercado"*, afirmou, e isso foi o suficiente para revoltar toda a família. Kleber viu nesse triste quadro uma situação positiva, pois *"eu jamais sairia numa boa daquela casa"*, então teve que enfrentar uma briga, uma verdadeira guerra, que se estabeleceu entre ele e os demais familiares próximos ou distantes. Mas, por mais difícil que fosse aquele quarto pobre de pensão obscura, ele lhe foi providencial. Entre entusiasmado e orgulhoso, dizia

> "Minha história é meio triste, mas é mais comum do que se pensa. Sem família, fui buscar outra experiência para dar sentido a minha vida."
> KLEBER GONZÁLES, 24 ANOS

"era sobreviver ou não; era eles ou eu", mas sua timidez garantia que *"mesmo assim, eu não teria coragem de largá-los se não chegássemos ao ponto que chegamos"*. Então não teve mesmo jeito, *"foram eles que me expulsaram, colocaram-me para fora de casa e não me restava mesmo outra saída"*. Afirmando sua dor e mal-estar, Kleber saiu levando além da roupa uma pequena pensão que os pais delegaram a ele e que poderia receber depois dos 21 anos, mas que a família dificultou até então. De todo jeito, morar em cômodo alugado, dormindo em quarto com pessoas tão diferentes foi uma pena pesada para o moço. Descrevendo sua vida ele dizia *"tudo era estranho, não tinha amigos, e onde morava estava um punhado de gente que nada tinha a ver comigo, alguns eram até traficantes"*. Foi assim, por um desses caras perseguidos pela polícia, que o moço soube de um grupo de brasileiros que sairia de São Paulo por meio de uma agência de turismo em direção ao Disneyworld. Informado que a proposta era menos para se divertir e mais para *"mudar de país"*, Kleber se interessou e achou uma finalidade para o dinheiro deixado pelos

pais. Assim ele concluiu: *"taí, acho que meus pais adivinharam o que aconteceria comigo e o dinheiro que me deixaram era exatamente o que precisava para pagar a passagem e começar uma vida nova".*

Com muitas dúvidas, pressionado pela família que o achava *"meio louco"*, restou assumir o compromisso da viagem "de turismo". E assim Kleber deixou Santos e foi para Miami e Orlando, na Flórida. Na excursão conheceu um outro rapaz que ia para Atlanta trabalhar em uma plantação e resolveu ir junto. Pensava *"por que não, para onde eu iria?"* E assim aconteceu: passou um tempo no campo trabalhando, mas depois resolveu mudar para a cidade onde hoje atua como auxiliar de escritório. Kleber casou-se com uma americana e tem um filho. Sua adaptação foi complicada porque foi sem grandes conhecimentos, sem amigos feitos previamente e até mesmo sem saber seu destino final ou em que cidade ficaria. Mas foi. Resoluto. Enquanto vivia no sul dos Estados Unidos, Kleber foi constantemente confundido com outros latino-americanos. Isso, curiosamente, foi um problema para ele que sequer havia pensado nessa alternativa antes. Viver tanto em Atlanta como em Miami fez Kleber passar por outro tipo de problema: ser uma espécie de intruso, fato agravado depois que seu visto venceu. A clandestinidade lhe foi um problema até que regularizou os papéis pelo casamento. Aos poucos, com muita paciência, ele achou seu caminho e avaliando sua trajetória concluiu que viveu, em relação ao passado, um *happy end*. Para ele, emigrar foi preciso. Superar os problemas foi o atestado de uma nova vida.

Bellino

Kleber foi mais um "expulso do Paraíso". Logicamente o dele não era o Éden bíblico, o "Paraíso das delícias", mas era o que tinha como referencial de família. E isso lhe bastava para se sentir parte de uma comunidade. Para viver "fora do Paraíso" ele teve que trabalhar em um supermercado após ser expulso de casa. Mas era trabalhar e sobreviver ou não, pois não daria mais para ficar com os "padrinhos". E o trabalho foi a salvação de Kleber, tanto em Santos como depois, nos Estados Unidos, em Atlanta. Não interessava muito em que poderia trabalhar. Não. E é de se imaginar a dificuldade de alguém que deixa um curso de Direito e se sujeita a trabalhar como agricultor. O importante era saber que trabalhava para se sustentar. Isto é significativo para se avaliar a variação de ocupações que possibilita a continuidade dos projetos de mudança. Não poderia deixar de lado um fator extraordinário nesse relato: ao lutar pela vida, pelo trabalho, Kleber venceu, entre outros fatores, a timidez. Há algo de profundo nessa história pois afinal, no processo de luta pela sobrevivência, Kleber cresceu e achou seu lugar no mundo. A necessidade de se situar o levou aos Estados Unidos, o que acabou por favorecer um recomeço em muitos setores da vida. Outro elemento de interesse na história desse jovem é que ele descobriu, estando lá, o que é ser brasileiro em termos culturais. A aproximação dos demais "latinos" ou "hispânicos" lhe causou estranheza, mas, de toda forma, é importante notar que escolheu uma companheira norte-americana como esposa e mãe de seu filho.

Meihy

Uma das lições que os emigrantes brasileiros acabam tendo é o aprendizado de ser "outro" culturalmente e também de saber trabalhar com questões como identidade e alteridade. Sem dúvida, sair expõe a brasilidade e o conforto de se sentir integrado a uma sociedade, por difícil que seja a condição de sobrevivência. Não há como não amadurecer numa investida que coloca os valores de aceitação pessoal e cultural em tela de juízo. E é surpreendente como essa experiência implica julgamentos e discussão sobre valores de identidade. Uma das características da moderna emigração é a consciência de quem é quem em um processo emigratório. Como hoje em dia é possível voltar com maior facilidade, a inserção dos "de fora" é mais vulnerável.

Bellino

É bom falar sobre ser brasileiro em um processo emigratório. Isto me faz voltar ao tema proposto e questionar sobre o peso das motivações para a emigração. Perguntando objetivamente, gostaria de saber como explicar a transposição do ato emigratório geral para as atitudes individuais. Como se dão os problemas dos *Estados Nacionais* nessa situação? Logicamente, não basta falar de vontades ou necessidades – históricas ou imediatas – sem levar em conta que os processos emigratórios afetam, pelo menos, dois países: o que envia e o que recebe.

Meihy

Antes, as conquistas e expansões colonialistas como ampliação das disputas tribais se justificavam pela busca de lugares ideais, para imposição de poderes de dominação dos subjugados. Isso correspondia à determinação de projetos triunfantes de dominação. Com o desenvolvimento da política esta prática chegou à escala dos estados nacionais. Só mais tarde, depois das fronteiras nacionais serem definidas, as buscas foram reorientadas a fim de abonar a realização pessoal, grupal ou familiar, mas mesmo assim abrangendo relações de países que precisaram ser submetidas às regras internacionais. Nesse sentido, primeiro as sociedades se espalharam em um processo em que as grandes mudanças de população distinguiram-se pelo uso da força, pela supremacia militar e pela submissão dos grupos mais fracos e dominados. Esta tendência, porém, variou em métodos e resultados. Se antes invadiam para submeter, aos poucos, grupos insatisfeitos em seus lugares de origem passaram a buscar espaços melhores para a realização de seus ideais. A história das migrações, *grosso modo*, pode ser classificada em três blocos principais:

> **GLOBALIZAÇÃO**
> Segundo Pierre Size, o termo Globalização surgiu em decorrência da amplitude desde os anos 80, quando a desregulamentação generalizada acelerou as condições da concorrência no plano mundial e o desenvolvimento dos meios de transporte e telecomunicações suprimiram um a um os obstáculos à deslocação de centros de produção. Ao mesmo tempo, as crises econômicas, que no passado levavam meses ou anos para se propagar, agora tocam todas as praças financeiras em alguns instantes.
> DICIONÁRIO DA GLOBALIZAÇÃO

1. Expansão pela força bruta ou estratégias bélicas.
2. Ação justificada: religiosa, jurídica ou politicamente.
3. Movimentos emigratórios motivados por motivos humanitários ou de trabalho.

Curiosamente, houve um momento na História em que as mudanças forçadas, aquelas feitas por injunções históricas como perseguição religiosa, triagem racial ou pressões políticas, passaram a ser filtradas por regras de Direito e assim foram consideradas "humanitárias".

BELLINO

Como se deu o estabelecimento das regras de Direito Internacional e das normas sobre o assunto? Afinal, a necessidade do Direito Internacional é decorrência de amadurecimento ou, pelo contrário, é resultado de desentendimentos?

Meihy

Foi vital na História a virada dos processos expansionistas, ou seja, quando povos começaram a estabelecer relações em que as diferenças se fundamentavam em negociações e acordos decorrentes de interesses comuns. Sem esses embasamentos não seria possível pensar o perfil da emigração no mundo de hoje nem nas circunstâncias de cada época. É importante notar que os deslocamentos atuais determinam sempre os direitos dos que chegaram ou se estabeleceram antes. Só depois de definida a posse do território e fixada uma cultura local é que se consideram as possibilidades de abrigar os que vêm depois. No mundo atual, o Direito Internacional tenta estabelecer regras que são úteis para os dois lados. Na maioria dos casos, os rechaços deixaram de ser pela força, mas em troca muitos lugares desenvolvem atitudes culturais contrárias à acolhida dos emigrantes. Diria então que a presença do Direito Internacional em questões emigratórias é decorrência de um amadurecimento que, por sua vez, decorreu do acúmulo de problemas.

> "O mais forte sentimento de comunidade costuma vir dos grupos que percebem as premissas de sua existência coletiva ameaçadas e por isso constroem uma identidade que lhes dá uma sensação de resistência e poder."
> JEFFREY WEEKS

Bellino

Em termos culturais como reagem hoje os hospedeiros, bem ou mal? Fundamento esta pergunta na suposição de que há um discurso jurídico, filosófico e até ético que é libertário e uma prática cultural que muitas vezes trai esses pressupostos.

Meihy

Da conquista pela força e exploração econômica até os acertos jurídicos e culturais que permitem convívios de estrangeiros ocorreu uma longa jornada. O *xenofobismo*, ou seja, a rejeição aos que vêm "de fora", estrangeiros, é tão velho como a inveja e o despeito e, infelizmente, tem acompanhado como sombra insistente todos os processos emigratórios modernos. O "diferente", "diverso" passou a ser o contraste dos ideais de identidade coletiva que chegaram ao limite na definição dos estados nacionais. De toda forma, numa relação de amor e ódio, de defesa e ataque, os processos emigratórios atuais foram se intensificando.

BELLINO

Existe um aspecto que me perturba bastante na reflexão sobre o processo moderno de emigração, pois sempre se fala das motivações de quem sai e poucas vezes na atitude de quem recebe. Afinal, não há também aceitação ou necessidade por parte dos países hospedeiros? Se isso é verdade, por que essas atitudes de rejeição?

MEIHY

A evolução das ondas emigratórias permite que hoje em dia tomemos conhecimento das circunstâncias das viagens e das motivações de cada movimento. Ter consciência de que vivemos no mundo globalizado no qual a emigração se justifica é essencial para avaliar o sentido do fluxo de brasileiros em direção aos Estados Unidos e para outros lugares do mundo. É importante saber que não vamos mais para um país para invadir, povoar, dominar. Não. Mesmo parecendo óbvio é importante repetir isto, pois os argumentos favoráveis à emigração são pouco explorados. Hoje a emigração permite combinar interesses pessoais, particulares, com as necessidades dos estados hospedeiros. Entre um e outro interesse existem leis e regras de funcionamento das sociedades locais que precisam ser assumidas. Ter conhecimento dessas normas é um jeito de começar bem um projeto. As facilidades modernas permitem que nos aparelhemos melhor para a vida afora. Basicamente há duas ordens de coisas a saber:

1. As normas que regem as relações do estado hospedeiro com os emigrantes.
2. Os procedimentos sociais e culturais do grupo que recebe.

Não é porque um país precisa de trabalhadores, por exemplo, que qualquer emigrante possa assumir essa condição. Há regras de triagem e essas normas visam não provocar problemas nas sociedades que recebem. Muitos países precisam de mão-de-obra para a agricultura, o que não quer dizer que qualquer agricultor possa ser recebido. As regras que definem quem é útil ou não devem ser coerentes com os interesses dos países que recebem. Cabe notar que até em casos humanitários esses critérios vigoram.

BELLINO
Quais as atitudes recomendáveis aos emigrantes modernos? Que predicados eles podem ou devem desenvolver para favorecer um bom convívio com os "hospedeiros"?

MEIHY
Além do conhecimento das leis, saber a língua (quanto mais, melhor), ter domínio das regras nacionais e da cultura, aprender sobre a geografia do local são mecanismos que antes não eram tão fáceis de serem adquiridos, mas que hoje podem atuar como elementos positivos à adaptação. É preciso estar preparado para problemas de aceitação/recusa. Os hospedeiros têm atitudes que podem ser de boas-vindas ou não. Precisamos, frente às reações negativas, assumir duas atitudes: *respeito* e *compreensão*. Respeito, contudo, não quer dizer aceitação passiva ou submissão, mas sim reconhecimento das razões de quem vê "outros" em sua terra. Daí a necessidade da compreensão. O sentimento nacional-defensivo, principalmente no mundo de hoje, é uma realidade perigosa e crescente, mas deve ser enfrentada com o diálogo inteligente e sobretudo com argumentos embasados nos acordos internacionais. Talvez a primeira decisão a ser tomada frente à rejeição seja de aceitação de que somos os que chegam e isto exige maturidade nas atitudes.

BELLINO
Como pode o emigrante reagir com *respeito* e *compreensão* em uma circunstância quase sempre desfavorável a ele?

> **Artigo 1º** Todos os seres humanos nascem livres e iguais em dignidade e em direitos. Dotados de razão e de consciência, devem agir uns para com os outros em espírito de fraternidade. Ninguém será submetido a tortura nem a penas ou tratamentos cruéis, desumanos ou degradantes.
> DECLARAÇÃO UNIVERSAL DOS DIREITOS HUMANOS, PROCLAMADA PELAS NAÇÕES UNIDAS EM 1948

MEIHY
A figura do emigrante, analisada em níveis culturais abrangentes, naturalmente abriga uma ambigüidade perversa. De um lado, visto como quem sai ou abandona o país de origem – e aí, fatalmente, cabem julgamentos às vezes apressados daqueles que ficam. No extremo oposto – para onde vão – quase sempre o emigrante é também mal considerado, acatado como "ameaça" ou "intrusão". É lógico que há

exceções, mas o comum é o juízo pejorativo provocado de ambos os lados num jogo de ataque e defesa. Algumas vezes essas atitudes são expressas, claras; outras, não. É pela dificuldade imposta pela situação emigratória que se insiste na clareza de cada opção, nas justificações de cada um e de seu grupo imediato.

Bellino
Mas qual o grande conselho a ser dado aos emigrantes que se vêem subjugados a tratamento de inferioridade?

Meihy
Esta pergunta exige cuidado na resposta, pois não se trata apenas de um conselho e sim de uma atitude constante e cultivada. Estar preparado para enfrentar julgamentos dos que não emigraram ou dos que recebem é relevante e isso não precisa ser visto como uma sentença negativa ou fatal. Se o emigrante está convencido de seu papel e detém um projeto pessoal consistente, mais do que meramente se defender, ele terá sempre argumentos para diálogos explicativos dos porquês de sua atitude. Defender pontos de vista, no caso da emigração, é um ato democrático e recomendável, mas tem que ser instruído e não apenas defensivo.

Bellino
Mas se o processo emigratório é tão velho, o mundo não deveria ter aprendido alguma coisa? A globalização não ajuda?

Meihy
Há uma aparente confusão no processo de contato entre os povos. Os avanços das ciências humanas tendem a mostrar positivamente a interação cultural, a mescla de valores e a beleza dos convívios, mas na realidade, na prática, as rejeições são marcadas. Dizendo de outra forma, em uma ponta do processo temos a globalização propondo a queda das barreiras em geral, em outra, porém, o *xenofobismo* defendendo a "integridade" ou pureza cultural da sociedade hospedeira.

BELLINO
Mas não existem outras instituições mediando os contatos entre hospedeiros e emigrantes?

MEIHY
Muitas instituições trabalham em favor da aproximação dos povos, pelo menos em nível teórico. Nos Estados Unidos, por exemplo, há antecedentes culturais dos quais seus cidadãos sempre se orgulharam. Mostrar-se ao mundo como *"terra da oportunidade"* ou dos *"direitos iguais"* é marca dos fundamentos da cultura americana. No passado esses princípios eram naturalmente mais aceitos, mas devido à intensificação das levas emigratórias, os emigrantes passaram a ser vistos como concorrentes ou enxeridos e isto provoca ciúme e zelo de nacionais que se vêem ameaçados. Um dos argumentos que os xenófobos defendem é da inferioridade cultural de quem chega. Partindo do princípio de que quem procura quer deixar o pior em troca do melhor, isto se constitui em uma barreira para os emigrantes que passam a ser inferiorizados preconceituosamente. Por isso que é importante ter uma boa leitura da própria cultura e da cultura do país que recebe.

BELLINO
As leis não protegem os emigrantes ou os hospedeiros? Como se preparar para sobreviver culturalmente bem nessas situações?

MEIHY
Causa sempre grande surpresa constatar as distâncias entre o que se diz, os fundamentos das leis, e a vivência prática no convívio com o emigrante. Nesse processo algumas instituições atuam de maneira a atenuar discórdias e facilitar as relações. Escolas, igrejas, clubes sociais podem ser mecanismos de aproximação, ainda que nem sempre o sejam. Sobretudo, porém, é salutar levar avante o conceito de **democracia como convívio com as diferenças**. No caso da emigração, viver com o diverso é prova de maturidade política e social, mas isto demanda a construção de reciprocidades. Além do mais, as questões afeitas às definições de identidade são muito sérias e sempre os emigrantes têm que se enquadrar entre os pressupostos da cultura que deixaram e os

da que os recebe. Esses "deslocamentos" de identidade são perigosos e muitas vezes os emigrantes se perdem sem polarizar a própria definição nacional.

Bellino
Estar preparado para os problemas de convívio é adiantar os mecanismos de adaptação, mas o que mais pode ser feito?

Meihy
O grande conselho é nunca perder a via burocrática nacional. Enquadrar-se na lei é o melhor amparo. Além disso, a paciência e o preparo para o debate com os hospedeiros ajudam a constituir argumentos explicativos e, nessa linha, são dois os principais temas que podem animar positivamente uma conversa sobre o assunto:

1. Os fundamentos morais da cultura local que, no caso dos Estados Unidos, são a democracia e o resultado de uma sociedade assentada no **melting pot**, ou seja, na mistura de povos.

2. A valorização da importância da emigração até para assumir papéis compatíveis com o mercado de trabalho da sociedade hospedeira.

O exercício da cidadania convida a pensar nas interações com o diverso. Lembrando que esta é a essência da moral histórica norte-americana, convém ter claro que este é sempre um bom argumento de aproximação.

Bellino
Quais os fatores determinantes das mudanças no comportamento emigratório moderno?

Meihy
Algumas características da emigração moderna não devem ficar de lado para que pensemos de forma cuidada no significado dos movimentos atuais. Com os propalados avanços dos meios de comunicação, por exemplo, mudou-se a fatalidade dessas viagens. É lógico que um projeto emigratório é sé-

rio, dramático e conseqüente, mas não tem mais a determinação irredutível do passado. Deve-se garantir que a emigração de nossos avós não é a mesma dos dias de hoje. Às vezes não damos conta de como os padrões de vida mudam e quais os efeitos práticos dos avanços tecnológicos. Se isto é verdade no geral, no caso da emigração nem se fala. Idas e vindas são atos corriqueiros e a diminuição das distâncias em horários somada às facilidades das viagens faz tudo parecer menos complicado. Uma das conseqüências disto é que nos é permitido tentar um projeto que se não der certo podemos reverter ou tentar em outro lugar. Mas há também uma conseqüência afirmativa que decorre disso: a possibilidade de fazer planos mais instruídos e bem calculados, contando com a chance do retorno.

BELLINO
Convém considerar, como conclusão desta parte de nosso diálogo, a emigração como um processo interativo em que:

1. interesses diferentes – de quem está e de quem chega – são postos à prova;
2. o conhecimento das leis e costumes locais devem ser assumidos por quem chega;
3. a consciência do papel de emigrante deve estar sempre presente;
4. a observação às leis locais é primordial;
5. os argumentos de negociação das diferenças devem ser apresentados nos momentos oportunos e de maneira eficiente;
6. "compreensão" e "respeito" são palavras chaves para o bom convívio de emigrantes.

Então terminemos este capítulo com mais uma história que mostra a força de um projeto de afirmação pessoal capaz de fazer o emigrante vencer os problemas pessoais e da cultura que o recebe quando esta se manifesta contrária aos "de fora".

Meihy

A HISTÓRIA DE RICARDO

Tive problemas com meu notebook e precisei de ajuda. Amigos brasileiros logo recomendaram: "*Fala com o Ricardo, ele socorre todos os brasileiros com esse tipo de problema.*" O pronto atendimento deu idéia da condição profissional do rapaz. Consertado o aparelho, convidei-o para um almoço. Sem poder aceitar no momento ele me retribuiu chamando-me para seu apartamento no Brooklin. A oportunidade não poderia ser melhor para ver como vivia um brasileiro de classe média alta que morava em Nova York há quase quatro anos. Entre um copo de vinho e outro, com CDs de bossa-nova ao fundo, Ricardo abriu seu coração e revelou que a mudança para os Estados Unidos foi como uma última tentativa, pois "*meus pais já haviam tentado de tudo, de orações a internamento*". Dizendo que o problema era o consumo de drogas, Ricardo afirmou ter chegado "*ao fundo do poço mais fundo que se pode imaginar*" e que, inclusive, os traficantes estavam atrás dele para "*qualquer loucura, porque eu devia muito a eles e não tinha como pagar*". Contou também que não conseguia manter relacionamento com ninguém e que não passara do primeiro ano de uma faculdade paga. Lembranças agradáveis da infância o influenciaram para viver nos Estados Unidos e ele gostava muito de Nova York. Com algum inglês e o apoio de uma prima que trabalhava "*aqui na agência da Varig*" ele arrumou as malas. "*Eu sabia que aquela era a minha chance e que se a perdesse poderia me acabar de vez porque é difícil morar sem família nesta cidade.*" Com experiência em computador, tratou de fazer um curso no LaGuardia Community College. E foi o que bastou. Cuidou de fazer uma lista de brasileiros, pediu ajuda a todos os conhecidos e logo passou mensagens colocando-se à disposição. Dizendo que no começo foi difícil, ele acha graça quando compara com a agenda cheia de agora. Ricardo mora com uma namorada gaúcha e vive ligado nas coisas do Brasil. Quer muito voltar, mas só o fará quando tiver com condições de montar um negócio próprio. Avaliando a própria experiência acha que acertou ao deixar o Brasil para se reerguer. "*Aqui ninguém sabia de meu passado, eu era apenas mais um brasileiro e isto é o que eu queria, precisava e tive.*" Ricardo ressaltou um aspecto interessante dizendo que "*optei por trabalhar com os brasileiros porque me senti amedrontado pelo jeito dos demais concorrentes na área. Havia uma disputa feia e me senti diminuído, humilhado até. Houve uma situação que um ame-*

> "Vim mesmo por fuga, medo de ser morto pelos traficantes a quem devia muito. Mas também houve determinação, boa vontade e ajuda."
> RICARDO

ricano até ameaçou me entregar para a 'migra', isto antes de eu ter os papéis regulamentados". Reforçando a visão sobre o preconceito afirmou: *"Até para namorar a gente era 'empurrado' para os latinos."* E finalmente concluiu: *"Isto faz parte da luta da gente, da vontade de ficar e mostrar o valor."*

BELLINO

Ricardo conta com sua história a de tantos outros que se enredam nas tramas da vida carioca da zona sul. O drama das drogas lhe foi funesto. A saída indicada para ele era mesmo o aeroporto. O apoio da prima que morava em Nova York foi, nesse sentido, providencial. Era um jogo arriscado, sem dúvida, pois sozinho numa cidade grande e tentadora seria fácil cair em tentação. Sua determinação, contudo, foi maior e ele acreditou na chance que a vida lhe oferecia. Depois de ter tentado tudo, reuniu forças e em outro país empenhou corretamente sua atenção em um curso que o capacitou profissionalmente. Muito trabalho e dedicação fizeram com que ele virasse uma página dolorida de sua experiência anterior. Se no Brasil não conseguia manter relacionamentos afetivos continuados, nos Estados Unidos conseguiu dando uma oportunidade para novas aventuras. Ter algum controle da língua inglesa o ajudou, mas certamente a assistência familiar foi fundamental. É possível que pessoas como Ricardo tivessem oportunidade de mudar, mesmo no Brasil, mas em casos como este, a mudança radical de cultura pode ajudar e muito.

E AGORA?

- Qual o motivo mais importante para você deixar o Brasil?
- Com quais apoios você contou para sua viagem?
- Faria outra vez as mesmas escolhas iniciais?
- O que faria diferente?
- Compare a história de Kleber e a de Ricardo e pense no significado específico de mudanças para os dois.

PARA PENSAR

"Uma coisa é a emigração, a emigração dos italianos para o Brasil, por exemplo; outra, bem diferente, é a dos indivíduos. Acho difícil um italiano sozinho se sentir responsável por toda a emigração italiana. No caso dos brasileiros nos Estados Unidos também. É difícil alguém responder por todos."

MARCELA RIBERTI JABUR, 32 ANOS,
SÃO PAULO, SP/MIAMI, FLA

"Quem sai do Brasil, atualmente, para morar em outro país tem sempre algum motivo secundário que é tão ou mais importante do que apenas a sobrevivência."

JOÃO MANUEL DIAS SCHERER,
34 ANOS, BAGÉ, RS/STAMFORD, CO

"Logo que cheguei comecei a pensar: ninguém me conhece aqui, ninguém sabe minha história, então, posso começar tudo de novo e vou fazer do melhor jeito."

MIRIAM SALLES, 28 ANOS,
DIVINÓPOLIS, MG/SAN AGOSTÍN, FLA

CAPÍTULO 3

DOIS MITOS VIAJANTES

*Todo homem possui um coeficiente de
energia e de tempo determinado que não
poderá ser desperdiçado sem prejuízo final.*
MURILO MENDES

Bellino

No mundo moderno, muito se tem falado sobre o *"direito de ir e vir"*, sobre movimentação territorial, redistribuição demográfica etc., mas, considerando a realidade em que vivemos, como definir o lugar ideal para se viver? Há fatores determinantes sobre nossa dependência de vida em um país ou na cultura de origem? Em suma, será que se pode pensar em conciliar interesse de trabalho com identidades culturais diferentes? Você conhece alguma história que dê condições de avaliar esta situação?

Meihy

A HISTÓRIA DE NADIR

Nascida em Presidente Prudente, depois de mudar muitas vezes *"por todo o estado de São Paulo e de ter morado tanto em fazenda como em cidades"*, Nadir encarou a mudança para os Estados Unidos *"como mais uma; sem muitos desesperos"*. Sua realidade, aliás, era a de quem tinha aprendido algo com a mãe, professora de escola primária *"dessas que eram transferidas de um lugar para outro"*. O exemplo materno parece ter colado à própria experiência de Nadir, pois *"nunca acredito em* homem e isso começou em minha própria casa". Declarando que seu pai era um *"alcoólatra que só dava trabalho"*, ela demonstrou completo desprezo pelas figuras masculinas e sorria ao dizer: *"Deus foi bom comigo porque só me deu duas meninas como filhas."* Maria Eliza, com 16 anos, e Maria Clara, com 14, eram suas companheiras *"mais do que filhas"*, vivendo em Washington, capital do país. Trabalhando como camareira de hotel elegante, Nadir sustenta a casa e mantém as duas meninas estudando *"em escolas públicas, é claro"*. Fez tudo sozinha e não teve dúvidas em deixar o marido brasileiro *"que ficou lá atrás com minhas tralhas no Brasil. Deixei tudo para ele. Larguei tudinho, tudinho"*. É verdade que teve mais um casamento nos Estados Unidos, mas foi por pouco tempo, por *"uns seis anos"*, e valeu para que conseguisse os papéis definitivos. E pensando em sua história repetia *"homem é tudo igual, lá como aqui..."* Com residência na capital dos Estados Unidos há mais de nove anos *"onde sempre morei porque vim para trabalhar em casa de família de diplomatas brasileiros"*, Nadir ostentava uma capacidade crítica bem apurada. Referia-se à vida no Brasil da seguinte forma: *"Olha, lá é bom, muito bom mesmo, mas só para ricos. Não há melhor lugar no mundo para ser rico. O país é bonito, tem praias, comida boa, conforto, mas só para quem tem grana. Se eu fosse rica mesmo, rica de verdade, queria morar no Brasil, onde poderia pagar baratinho por muitos empregados."* De forma surpreendente, Nadir dizia que não deixava de ser brasileira, mas que só voltaria quando pudesse *"ser madame"*. Com riso solto lembrava que *"sempre volto, de férias, mas para ficar em hotel... e apresento meu passaporte americano para ser mais respeitada nos hotéis"*. O contraste com a condição de trabalho entre os Estados Unidos e o Brasil foi justificado pelo dinheiro ganho *"aqui, como arrumadeira, ganho por mês duas vezes mais do que ganharia no Brasil por seis meses ou mais de trabalho"*. Dizendo ter *"diploma de professora, igual minha mãe"*, ela não titubeava em garantir que *"é melhor ser empregada de hotel em DC do que professora no Brasil"*. Mas repetia sempre *"adoro o Brasil, mas estou aqui lutando pelas minhas filhas e para ter condições na velhice"*. Sobre as filhas dizia que apenas se recordam de pouco do que deixaram: *"Elas só nasceram e passaram a infância lá"*, e com amargura dizia *"passaram mal também porque o pai era um peso morto, não trabalhava, não parava em emprego"*. Usando isso como razão afirmava: *"Foi por isto que tive que sair, que deixei tudo pra trás e vim com minhas filhas e com o dinheiro da venda da

> "Olha, lá é bom, muito bom mesmo, mas só para ricos. Não há melhor lugar no mundo para ser rico. O país é bonito, tem praias, comida boa, conforto, mas só para quem tem grana. Se eu fosse rica mesmo, rica de verdade, queria morar no Brasil, onde poderia pagar baratinho por muitos empregados."
> NADIR

> *minha parte na casa quando separei do meu primeiro marido."* Projetando um drama fecundo dizia *"não sei o que vai ser do meu futuro. Deixei a família lá, vim com as filhas que estão bem adaptadas aqui. Elas não vão querer voltar e eu gostaria de ter minha vida lá, e para isto quero comprar uma casinha, um apartamento em Copacabana".*

Bellino

Um dos pontos mais interessantes da história de Nadir remete à questão de gênero. Da mesma maneira que ela, são muitas as mulheres que tomam a frente do processo emigratório. E se dão bem na maioria das vezes. O fato de ter as filhas perto ajudou a reorganização do projeto pessoal de Nadir. Casando-se novamente, além de tentar nova vida amorosa, conseguiu os documentos que a tornaram "residente" e isto facilitou sua vida. Aproveitando-se dos colégios públicos, pensava na garantia de progresso de suas meninas. O Brasil, porém, não lhe saía da memória, o que mostra uma dependência afetiva do local de origem. Tinha saudade, mas a definição de ser um país bom para os ricos a inibia de pensar em voltas definitivas. Sem dúvida, Nadir é o que se pode dizer *"uma brasileira dividida"*. Às filhas bem adaptadas, criadas longe do ambiente cultural de origem, sem grandes referências familiares deixadas para trás, restava a integração, via segunda geração, na sociedade e nos valores norte-americanos. O sonho de comprar um apartamento em Copacabana é bastante revelador do coroamento de um projeto de vida. Tudo indica que o destino reservou para Nadir o aprendizado da conciliação, de viver em dois mundos ou culturas diferentes.

> "Travessias que deram um salto em volume de pessoas migradas e mudaram de caráter na última década." Segundo estudos da Organização das Nações Unidas, em 1960 existiam 76 milhões de migrantes no mundo. Hoje eles são 175 milhões. Nos países industrializados já representam 10% da população total – enquanto são, em média, apenas 1,3% nas demais nações. A maior concentração de emigrantes está nos Estados Unidos, e ela cresce 3% ao ano. Na "terra dos sonhos", o total de emigrantes saltou de 30 para 34 milhões nos últimos quatro anos. De latino-americanos que vivem nos EUA, o número cresceu de 8,4 milhões em 1990 para 15 milhões em 2000.
> BIA BARBOSA

Meihy

Suas observações convidam a voltar a alguns pontos ou perguntas iniciais. Uma das vantagens de viver no mundo contemporâneo é que podemos ver os processos emigratórios através dos tempos e assim propor considerações coerentes com a nossa atualidade. Hoje em dia não é preciso deixar de ser culturalmente diferente para se viver em outro país. De jeito nenhum. Aliás, os próprios meios de comunicação, os produtos gerados pela eletrônica, aproximam partes. Vejamos por exemplo a televisão e a internet que nos sincronizam em tempo real. Não há, em termos de qualidade na recepção, novidade nenhuma em se comparar uma chamada telefônica local, dentro da mesma cidade, com uma internacional. Curiosamente, isto faz com que alguns velhos mitos – sobre o lugar de origem e sobre o eterno retorno – sejam aplicados ao mundo de hoje e assim até mais plausíveis agora do que foi para os emigrantes do século XIX ou mesmo da primeira parte do século XX. Agora, pode-se escolher o lugar de moradia sem deixar de ter afeições e preferências por outros de origem, mas saber que se pode voltar e mesmo o respeito pelo ponto de origem tornou-se um ponto muito mais considerável nas alternativas de movimentação.

Bellino

Esta história de ir e voltar, no mundo moderno, permite perguntar sobre a pertinência da retomada de alguns mitos que insistem em marcar a memória coletiva, principalmente quando pensamos em opções de mudanças de espaços e culturas. Confesso que acho muito importante esta retomada dos velhos mitos que, em vez de se apagarem, na atualidade ganham força explicativa para se discutir inclusive memória e identidade. Tenho certeza de que aos emigrantes de hoje, o tema da volta é mais saliente do que foi no passado. Sei que há muitos fatores que variaram, mas parece que certos mitos funcionam como matrizes atemporais, certo?

Meihy

Sim, você tem razão, pois de certa forma os mitos reforçam velhos princípios que se apóiam em antigas tradições. Nesse sentido, dois mitos principais ajudam a pensar o significado da emigração moderna: o **mito do Paraíso** e do **Eterno Retorno**. Se pensarmos de forma inteligente, ambos os mitos ganham atualidade e vigor na argumentação contemporânea. Há ambigüidades na combinação de uma tradição que implica a busca de espaço ideal ou procura de lócus sadio para o progresso pessoal, e outro, que reclama o conforto da volta ao local de origem. Mas esta é a grande contradição da vida emigratória moderna: os dois lados de uma mesma moeda que compra o direito de escolha de onde ir, ficar ou para o retorno. A emigração cabe aí como uma viagem de um ponto a outro. Fala-se de uma trajetória de ida e volta, mas com possibilidades de várias alternativas no mesmo processo. Uma das conseqüências desta aceleração dos movimentos é o enfraquecimento da rigidez do conceito de emigração. Assim, ao emigrante do século XXI não se torna necessário negar suas origens. O que se vê, pelo contrário, é uma valorização ou idealização dos nichos nacionais.

BELLINO

Mas o que o *mito do Paraíso* tem a nos dizer nos dias de hoje? A transposição bíblica ainda faz sentido?

MEIHY

Claro. O *mito do Paraíso* faz refletir sobre a combinação do local de nascimento ou de escolha afetiva com o amor inerente ao lugar de origem. Pensando no ventre materno como ponto de partida, é deste nascedouro que se estabelece o local de surgimento como ambiente ideal, como memória do afeto. Alguns dizem *solo pátrio* ou *terra-mãe* e tantos apelam para a fecundidade do conceito de família para dimensionar a naturalidade do amor ao ambiente de origem. Basta um olhar ligeiro para os diferentes hinos nacionais e verifica-se o cultivo e a construção de patriotismos com base na referência ao país de origem. A *mãe-pátria* torna-se uma metáfora universal presente em todas as mitologias. O poeta Ovído, aliás, refere-se ao *mito do Paraíso* como "Idade de Ouro" e, de certa forma, este tempo "feliz" da origem pode se desbotar ao longo dos anos, mas mesmo assim jamais deixará de ser a marca da origem de uma determinada experiência e por isso nunca perde os traços do Paraíso. A relação entre a necessidade da busca de outros locais e a dependência moral do ponto de origem é como se fosse um mistério na psicologia humana.

> "A Idade do Ouro foi a primeira época em que nutriu por sua própria vontade, justiça e direito; não lei. Nenhuma punição foi necessária. O medo era praticamente desconhecido e as tábuas de bronze não continham nenhuma ameaça legal; nenhuma multidão suplicante se apresentava à face dos juízes; não havia juízes. Não existia necessidade deles. As árvores ainda não tinham sido cortadas e transplantadas para enfeitar outras plagas. Os homens sentiam-se contentes em seus lares e não viviam em cidades..."
>
> OVÍDIO, *METAMORFOSES*

BELLINO
E o "mito do Eterno Retorno", tem o mesmo peso?

MEIHY
O mito do *"Eterno Retorno"*, por sua vez, é prova da dependência do local de origem. Mas se é tão cativante o lugar onde se nasceu ou escolheu como fundamental, por que dele se despregar? Esta pergunta guarda sutilezas, mistérios e segredos que apenas se explicam na separação entre o emocional e o racional, entre o gostar mas ter que sair, entre o ficar ou partir para busca do desconhecido. A dependência do chão pátrio é um sentimento inerente aos seres humanos, e mesmo para negá-lo torna-se imperioso reconhecer seu poder de atração. E só assim podemos entender o sentido da palavra "saudade", que no caso da cultura luso-brasileira tem tanta razão de ser. Pela emoção estabelecem-se ligações, se mantêm laços que contradizem a distância física e convidam a pensar a idealização do que foi deixado atrás, como parentes, amigos. A razão impõe viagens às quais a satisfação material se justifica. Daí o retorno, ou pelo menos o zelo afeito ao que foi legado. *"Eterno Retorno"*. Retorno que se eterniza até a morte, que permite evocar o mórbido ditado *"revertere ad locum tuum"*, ou seja, soando como uma regra divina, o *"voltarás ao lugar de onde viestes"* é pressuposto sagrado.

BELLINO
São então duas as linhas que pelos mitos explicam as direções dos fluxos migratórios através da História? E hoje, parece, (re)viver estes mitos é mais evidente do que foi antes? Interessante notar que mesmo não se tendo consciência desta prática, da vivência dos mitos, há uma recriação do passado como lugar ideal.

MEIHY
Com comandos contrários, um mito aponta a saída, os lugares para onde ir. Outro (re)qualifica o sítio de onde se sai e depois de (re)valorizar a origem, propõe-lhe o caminho de volta. E não há contradição entre ambos; pelo contrário, existe uma complementaridade incondicional. Parte-se com a carga de influência da herança original em busca de algo melhor. Longe, imagina-se o ambiente da partida com os resultados da aventura. O primeiro im-

pulso, da saída, mostra que emigrar é um processo eterno, tão velho como a sociedade e que não vai cessar nunca ainda que os ritmos variem. E de um jeito ou de outro, como seres humanos somos emigrantes. Mas os compromissos com o que ficou para trás são sérios e merecem lugar especial na bagagem afetiva de quem os deixa. Dizendo de outra forma, temos que resolver a carga emocional referente ao cerne de origem, pois só assim seremos conscientes do projeto de eimigração e de nosso papel nele. Os dois mitos propõem reflexões sérias para o emigrante moderno:

> Artigo 2º Todos os seres humanos podem invocar os direitos e as liberdades proclamados na presente Declaração, sem distinção alguma nomeadamente de raça, de cor, de sexo, de língua, de religião, de opinião política ou outra, de origem nacional ou social, de fortuna, de nascimento ou de qualquer outra situação.
>
> Além disso, não será feita nenhuma distinção fundada no estatuto político, jurídico ou internacional do país ou do território da naturalidade da pessoa, seja esse país ou território independente, sob tutela, autônomo ou sujeito a alguma limitação de soberania.
>
> DECLARAÇÃO UNIVERSAL DOS DIREITOS HUMANOS, PROCLAMADA PELAS NAÇÕES UNIDAS EM 1948

1. O que significa e qual o peso do local de onde você veio?
2. Qual sua intenção de retorno?

Não basta, porém, reconhecer que sempre houve emigração. Modernamente, temos que explicar qual o sentido da nossa e quais os desafios que temos que responder. Assim, precisamos definir o que para nós é o Paraíso – no caso o Brasil – e como vemos o eventual retorno. Família, instituições, amigos são elementos que merecem ser considerados como parte do Paraíso que se deixa. Admitir o retorno implica redesenhar o papel dessas pessoas e desses lugares em nossa existência. Entre sair e voltar, deve-se ter claro que a vida é dinâmica e que as coisas mudam. Aceitar isto é fundamental e um dos ganhos mais proclamados da emigração é o alargamento da capacidade de se entender as coisas.

BELLINO

Qual a força psicológica do mito para explicar os ciclos da vida do emigrante? Por que é importante reconhecê-los agora?

Meihy

Como conceituações abstratas, os mitos *"do Paraíso"* e *"do Eterno Retorno"* devem ser assumidos individualmente, cada um encerra seu próprio destino e supõe uma função dinamizadora dos processos de emigração. Sem aprofundamento reflexivo e sem o reconhecimento da importância de compreensão do que é que se deixa para trás, é comum encontrar quem negue o seu Paraíso original e o projete em outro lugar. Isto é um erro. Não desenvolver uma crítica da própria terra natal é reduzir a capacidade de entendimento do processo emigratório e nele se perder. É necessário muito cuidado com isto, pois os processos de negação são sempre consequentes. É comum quando não se avalia corretamente o que se deixou e se projeta outro Paraíso no destino. Cautelas são exigidas para não se deixe seduzir por falsas utopias. Elas podem não existir.

Bellino

Quando não se faz uma boa análise sobre a terra deixada, os riscos de perda de identidade são grandes?

Meihy

Como todos os lugares, há fatores bons e ruins nas avaliações. Quando se sai, são os traços negativos que pesam mais. Isto, contudo, não quer dizer desamor. É um erro propor como motivo de emigração a lista de defeitos, erros e dificuldades que deixamos para trás. Colocarmo-nos como vítimas dos problemas conjunturais não vai ajudar em nada. O oposto disto também é traiçoeiro: a idealização infantil que mostra que tudo de bom está no que ficou no Brasil e que a felicidade apenas acontecerá na volta à pátria. Saber onde estamos é condição elementar para se reconhecer nosso papel e aceitar os desafios do dia-a-dia sem entraves. Ter noção da realidade presente e imediata é um programa de vida que deve ser vencido a cada dia. A busca da consciência do lugar nos ajuda a manter o projeto da viagem emigratória.

Artigo 3º Todo o indivíduo tem direito à vida, à liberdade e à segurança pessoal.

Artigo 4º Ninguém será mantido em escravatura ou em servidão; a escravatura e o trato dos escravos, sob todas as formas, são proibidas.

Artigo 5º Ninguém será submetido a tortura nem a penas ou tratamentos cruéis, desumanos ou degradantes.

DECLARAÇÃO UNIVERSAL DOS DIREITOS HUMANOS, PROCLAMADA PELAS NAÇÕES UNIDAS EM 1948

BELLINO

Então torna-se importante concluir que a emigração é:

1. Um processo social em que se deixa um lugar em busca de outro.
2. Busca de melhores condições e que isso exige redefinições de identidade.
3. Uma experiência sujeita aos riscos de uma aventura emigratória.
4. Um processo que exige consciência.
5. Capacidade de juízo para se avaliar o empreendimento.

Mas vamos a outra história:

MEIHY

A HISTÓRIA DE "SEU MARIO"

Na altura de seus quase 70 anos, Mario Brito é uma figura serena e risonha. Contando sua experiência como quem relata uma lenda dizia *"minha história é diferente desses brasileiros que estão chegando agora. Primeiro porque vim em 1982, portanto antes da anistia de 1986, que me beneficiou muito. Muito mesmo, porque nunca fiquei ilegalmente no país; depois porque vim para ficar"*. Os planos econômicos explicam a decisão de ele deixar o Brasil e permite pensar que fez parte da abertura de uma leva que deixava o país motivado pelas conseqüências políticas da ditadura militar. Havia outros motivos também, mas a desculpa econômica era a mais evidente. Na realidade, "seu Mario" chegou como agricultor porque havia uma lei que protegia pessoas que vinham para trabalhar no campo e assim ele recorda: *"Fui um deles e também há alguma coisa de diferente na minha história porque fui inicialmente para a Califórnia, para San Diego. Fiz tudo certinho e foi o consulado de Recife que acertou a minha vinda. Naquele tempo não se falava de clandestinidade e de deportação como hoje, e havia trabalho regular."* Nada desses impedimentos emigratórios atuais existiam, fato que o favoreceu pois como disse *"só trabalhei alguns meses na colheita de morango em uma fazenda na fronteira do sul da Califórnia"*. Transformando-se depois em auxiliar de caminhoneiro, passou para uma

> "Mas nunca deixei de ter meu coração verde-e-amarelo." Justificando sua saída do Brasil "por motivos pessoais, por causa de uma paixão não resolvida".
> "SEU MARIO"

companhia de mudanças e assim conheceu todo o país e deu-se *"um milagre, porque, no Brasil, beirando os meus cinqüenta anos jamais arranjaria trabalho"*. Repetindo que *"naquele tempo a gente vinha para ficar, não era como hoje que qualquer um pode ir e voltar e até mesmo morar nos dois países"*, ele garantia sua decisão *"de sair definitivamente do Brasil por causa das crises econômicas e de outras mais"*. Meditando sobre a questão dos emigrantes ele dizia que naquela época o problema contra os emigrantes era com o México e com os mexicanos, *"como aliás continua até hoje, mas há, de vez em quando, uma lei que legaliza os que merecem e podem"*. Com certo orgulho disse: *"Fui beneficiado, regularizei meus documentos e pronto. Mas nunca deixei de ter meu coração verde-e-amarelo, mesmo sabendo das crises e das dificuldades de viver em uma cidade pequena como a minha, onde todo mundo sabe da vida de todo mundo."* Justificando sua saída do Brasil *"também por outros motivos, pessoais, por causa de uma paixão não resolvida e porque isso fez com que eu fosse à falência"*, logo que chegou *"tratou de arrumar outro romance"* e se casou *"com uma mexicana que já tinha papéis"*. Garantindo que *"ela teve que aprender a fazer arroz e feijão"*, concluía que *"sinceramente ela é mais brasileira do que eu e conhece as músicas brasileiras como ninguém"*. Os anos se passaram e "seu Mario" acompanhou de perto o crescimento das ondas de brasileiros que chegavam e via as mudanças na forma de ver o país natal distante. Dizendo-se assustado com o movimento, critica aqueles que não vêem nessas viagens um problema sério. Sentenciando que *"os brasileiros têm que pensar mais e melhor no assunto"*, ele se surpreende com o crescimento e finalmente deixou um recado impactante: *"Como tenho documentos regularizados, vou todos os anos para o Brasil e noto que a cada ano o país está melhor. Vendo os supermercados, por exemplo, lembro do tempo em que só tínhamos armazéns, uns poucos bancos e quase nenhum shopping. Hoje o Brasil, até o interior da Bahia, parece muito moderno, e então não entendo por que as pessoas saem."* De maneira emocionada concluiu: *"Acho que se fosse hoje eu não sairia do Brasil, teria refeito meu casamento lá mesmo."* "Seu Mario" invariavelmente passa férias no Brasil e sobre isso diz *"cada vez em um estado do nordeste, mas quero mesmo é acabar meus dias no mesmo lugar de onde eu vim, Jequié"*.

Bellino

Não se pode dizer que "seu Mario" seja um vovozinho, ou patriarca, da emigração brasileira para os Estados Unidos, mas sua anterioridade permite que veja o crescimento do número de novos tipos entrando. A situação da legalidade *versus* ilegalidade é destacada e merece cuidado, pois o conforto de viver legalmente é um atestado de segurança. O que me chama atenção nessa história é que mesmo tendo casado com uma mexicana, o Brasil permanece como referência na vida dele. As férias repetidas em diversas partes do país mostram sua ligação e a superação de visões limitadas à sua cidade natal e ao seu estado. É como se mapeasse o amor pelo Brasil e cumprisse um itinerário afetivo de reconhecimento do país natal. Os Estados Unidos, assim, mais parecem um local onde vive, gosta, mas que tem um sentido utilitário que permite a "seu Mario" uma autonomia pessoal. Não deixa de ser interessante ver como ele cooptou a esposa, mexicana, para funcionar como uma memória do Brasil. Sem se libertar do "mito do Paraíso", o "Eterno Retorno" de "seu Mario" é moderno e crítico.

E AGORA?

- Você acredita na força dos mitos?
- Que peso tem o "Mito do Paraíso" em você? Identificaria seu lugar de origem com o "Mito do Paraíso"?
- E o "Mito do Eterno Retorno" faz sentido para você?
- Entre um e outro, como se sente?
- Sente-se "dividido" ou "dividida"?

PARA PENSAR

"Tem gente que nasce em um lugar, vive nesse lugar, nunca sai de onde nasceu e se sente feliz. Eu mesmo conheço gente assim, mas além de não ser o meu caso, acho que no mundo moderno isto está cada vez mais difícil."

IGINO BARCELOS SOUZA, 29 ANOS,
CRICIÚMA, PR/NOVA YORK

"Quando saí de Jequié estava tão preocupado com tudo, com o meu futuro, com as dificuldades que enfrentaria, com o que estava me aguardando que nem pensei que pudesse sentir tanta falta de coisas que antes me enchiam."
JURANDIR CASTANHEIRA, JEQUIÉ, BA/NEWARK, NJ

"Morro de saudade de tudo e de todos. Sinto até saudade de quem não deveria sentir. Sei que isto é meio louco, mas gosto de sentir saudade, gosto de dizer que 'morro do saudade'."
IVANIRA SALGADO, 33 ANOS, NOVA YORK

CAPÍTULO 4

NUESTRA AMÉRICA

Soy loco por ti América
TORQUATO NETO E GILBERTO GIL

BELLINO
Basta dar uma olhada nas estatísticas para nos assustar com os números e com a direção geográfica dos movimentos emigratórios, do sul para o norte. Em escala planetária, podemos até pensar nesse processo de maneira histórica, pois os países mais pobres estão no hemisfério sul, e os mais ricos, no norte. Assim, vale inserir a maior parte da América Latina, certo? Mas se isso ocorre em termos gerais e de contexto amplo, há alguma história que mostre na vida do cidadão comum o resultado dessa movimentação toda? Você tem alguma história que, de alguma maneira, traduza esta experiência?

MEIHY

A HISTÓRIA DE NANDO

Conheci Luis Fernando Lapa, ou Nando, como ele prefere, em uma situação penosa para ele. Fazendo pesquisa sobre as diversas soluções de vida de brasileiros nos Estados Unidos, soube de uma rua em Queens, bairro populoso de Nova York, onde alguns brasileiros se juntavam a outros emigrantes – a maioria da América Latina – à espera de uma caminhonete que os alocasse para trabalhos diários. Eram pessoas dispostas a atuar na *"construção civil"* ou, como eles dizem, *"na construction"*, gente apta para fazer *"qualquer coisa"* por US$10, US$15 e até mesmo US$20 a hora. Fiquei um longo tempo observando aquelas pessoas que chegavam no verão, desde as cinco horas da manhã. Nando chamou logo a atenção por seus traços diferentes e por uma postura que convidava a pensá-lo mais como um trabalhador de escritório e não como um pedreiro ou algo parecido. Depois de longa espera, um veículo tipo perua despontou e com autoridade de quem sabia das coisas, um moço ia apontando este ou aquele que entravam aliviados na caminhonete. Nando não foi selecionado naquele dia e isto me permitiu aproximar dele. Apresentei-me como brasileiro fazendo um estudo sobre o comportamento dos nossos nos Estados Unidos e ofereci-lhe um café. Na modesta lanchonete de um colombiano, ele resumiu sua história devorando um sanduíche de tamanho respeitável. Perdera o emprego de garçom em um restaurante de Vitória onde trabalhou por mais de nove anos e não conseguiu mais *"acertar outro trabalho digno"*. Declarando ter tentado *"de tudo e em qualquer lugar"* deparou com problemas como *"falta de nível escolar, falta de experiência na área, falta de preparo técnico"*; irônico, dizia *"me faltava tudo; só sobravam necessidades e vontade de fazer alguma coisa"*. Com as recusas multiplicadas, *"o desespero ia aumentando a cada não que recebia, a cada dia que passava"*. Depois de despedido, Nando obteve uma indenização de mais ou menos quatro mil reais – *"na verdade foi um acerto na Justiça do Trabalho, um acordo"*. O problema maior, além do desemprego, era *"fazer aquele pouquinho render"*. Precavido, não falou para a mulher sobre o valor total da "indenização", mas depois de três meses encontrou a solução que lhe pareceu melhor: *"Vou para os Estados Unidos."* Motivado por um amigo que tinha ido e voltado, resolveu procurar aliados. Uma agência de turismo o colocou em contato com *"um cara do Rio de Janeiro que jurou que arranjaria tudo"*. Sem saber bem das dificuldades, Nando aceitou ir pelo México e frente a isso afirmou: *"Rapaz, nem te conto o que passei. Foram 16 dias de loucura. Éramos 15 pessoas e chegamos seis e nem sei o que aconteceu com o resto. Nunca mais soube daquela gente."* Depois da fronteira, junto com outro cara que conhecia um amigo em Atlanta, foi *"de alegre e que mais poderia fazer? Nem tinha outra saída"*. E contava mais: *"Trabalhei colhendo amendoim em um rancho que dava lugar pra dormir. Era uma tristeza que nem sei descrever. Fiquei lá por uns três meses e conheci um mexicano que ia com outro amigo para Boston, e como ele disse que lá era

> "Foi difícil deixar a família; mulher, duas filhas, pai doente, mas tinha que tentar alguma coisa nova, fazer meu pé de meia e voltar para ser feliz. Escolhi os Estados Unidos porque era a única saída."
> LUIS FERNANDO LAPA

melhor, que podia contar com seguro de saúde, fui." O dinheiro conseguido com o trabalho ele mandava, por envio bancário, para a família – mulher e duas filhas – e também uma parte era para pagar a passagem e o "trabalho" da agência do Rio que contratara o coiote. Em Boston foi abrigado por uma igreja brasileira que lhe deu alguma proteção e apoio, aliás, foi o lugar que melhor o recebeu, "*mas não queria ficar lá pelo frio e pelas pessoas que queriam que eu virasse crente. Sou católico e não dava pra ficar crente*", disse. Trabalhando como pedreiro e como "*ladrilhista, coisa que aprendi a fazer aqui sem ninguém me ensinar*", Nando encontrou nova alternativa indicada por outros brasileiros. Resolveu partir para Nova York, onde achava que seria mais fácil "*porque havia mais emprego*". Com alguns nomes e telefones foi e, realmente, se deu melhor. Sem documentos, morando com outros brasileiros em condições semelhantes, "*uns dez em um só quarto, com 'cama quente'*, ele ia de Long Island, todos os dias, buscar trabalho no mesmo local. Conformado, dizia: "*Às vezes dou sorte, às vezes, como hoje, não acontece nada e então fico procurando o que fazer, mas às vezes nem como nada para não gastar.*" Garantindo que o inverno é melhor para ele porque trabalha limpando neve, Nando mostrou-se entre o desespero e a satisfação. Desespero pela distância da família, satisfação pelo dinheirinho ganho. Ao perguntar se valera a pena ele garantiu: "*Estou pagando a passagem, juntei 'algum' e agora quero voltar para minha família. Ganhei experiência e até um inglesinho e um espanholzinho sei falar.*" Olhando firme em meus olhos ele garantiu: "*Meu lugar é lá. Vou com coragem e quero construir uma casinha para ficar com minha família. Aprendi muito e isto já basta.*" Suas últimas palavras foram "*ouvi dizer que o Brasil melhorou. Estou aqui há oito meses*".

Bellino

Nando faz parte de um setor representativo dos brasileiros que perdem o emprego e por isso saem do país em busca de oportunidades imediatas. A carência de trabalhos regulares em seu estado natal, Espírito Santo, e a falta de preparo escolar ou de outras habilidades o levaram a deixar duas filhas e a mulher e sair em busca de uma alternativa arriscada. Antes, Nando tentou tudo até o limite até apelar para a emigração. Valendo-se de uma rede clandestina que atua também no Brasil, mesmo sem medir conseqüências, o moço se arriscou. Não lhe restavam muitas alternativas. A ida pelo México tanto prova o desespero como a ânsia em chegar a algum lugar onde houvesse alguma oportunidade. Chama a atenção o fato de Nando apenas ter ouvido falar das possibilidades de saída e sequer se preparou de maneira adequada para a viagem. E, nos Estados Unidos, depois de Atlanta e de Boston, em Nova York, restou a solidão do moço que quase chegou ao desespero. É de se imaginar a expectativa de Nando e as dificuldades pelas quais passou sozinho. E quanta tensão, saudade, preocupação e incertezas! O tipo de trabalho a que se dispôs fazer variou de agricultor a pedreiro e acredita-se até que faria outras coisas. Por certo, no Brasil antes nunca teria chegado a esses ofícios. Isso, aliás, é interessante, pois muitos acabam no exterior fazendo o que não fariam no Brasil. Se Nando não sabia o que esperar ao sair do Brasil, para a volta tinha planos bem mais concretos: construir uma casinha e ficar com a família. Seja qual for o tamanho da dor de Nando, ele concluiu que valeu a pena e aposta na melhoria do Brasil. Durante toda experiência de Nando, as questões da América Latina estiveram presentes. Primeiro pela passagem pelo México, depois pelas amizades que fez nos Estados Unidos. Em conjunto estas marcas são sintomáticas do que acontece.

Meihy

A introdução do debate sobre os brasileiros no fluxo geral dos demais latino-americanos é um dos pontos mais importantes da questão que aborda a emigração continental. Não apenas porque confirma o "destino" do sul buscando o norte, mas por evidenciar a variedade de tipos e situações que atuam numa emigração. Vale a pena explorar isto sob a ótica da globalização, dos países ricos atraindo pobres, das áreas industriais servindo de arrasto. Mas deve-se tomar cuidado porque essas coisas não acontecem mecanicamente, sem ajustes ou motivações continuadas. Muitas situações são juntadas e escapam dos controles ou programações que existem. Há muitos processos que correm paralelos, e assim pode-se dizer que a emigração clandestina se formula como um negócio próspero e de aparência incontrolada. Alerta-se para a necessidade de se pensar racionalmente em argumentos que sejam menos repressivos e mais coerentes com o que vivemos. A falta de critérios ou políticas explícitas faz com que a clandestinidade chegue às raias do comércio internacional e assim favoreça a bandidagem que se torna proporcional aos comandos de controle. Pode-se mesmo pensar que há interesses não revelados pelo lado dos países que recebem os emigrantes que, por um lado, precisam dos "estrangeiros" destinados a fazerem tarefas que não gostam ou preferem e, ao mesmo tempo, frente ao estoque de possibilidades, selecionam os que interessam de maneira também clandestina.

BELLINO

Existe alguma saída? Pode-se pensar em alternativas que aliviem o peso da clandestinidade? Isto seria aplicável, no caso dos Estados Unidos, especificamente à América Latina?

MEIHY

Veja que o perfil do emigrante latino-americano é bem distinto dos demais. Muitos, em particular o pessoal do México e da América Central, dispõem-se, na maioria dos casos, a ir como trabalhadores agrícolas. Mesmo mais recentemente, alguns brasileiros participam dessa alternativa, então, pensando na necessidade dos Estados Unidos que necessita de determinado tipo de mão-de-obra, poderia se pensar em "licenças de trabalho" ou "trabalhos temporários". Isto poderia ser aplicado em particular à América Latina. O grande avanço, o que seria realmente uma revolução e faria a diferença, seriam as "licenças temporárias de trabalho". Com certeza esta alternativa, se efetivada, poderia resultar em facilidades para se pensar na criação do desejado mercado continental.

BELLINO

O problema, contudo, parece ser velho. Qual o peso histórico desse processo de emigração latino-americana? Afinal, a América Latina toda não foi formada por emigrantes? Se foi, por que não deveríamos ter maior tolerância com a população continental? E por que poderíamos pensar em políticas especiais para a América Latina?

MEIHY

É bom, sim, assumir o problema dos deslocamentos humanos pensando a situação histórica do continente americano. Somos um continente formado de emigrantes desde a mais remota era. E um continente que cresceu sem uma delimitação de fronteiras políticas. Apenas com a chegada dos europeus é que foi se formando uma tradição de fronteiras no sentido político segundo o padrão europeu. Mas antes, há muitos milhares de anos, ondas de asiáticos deram origem ao que depois foi chamada de "sociedade indígena". É bastante provável que a América Latina tenha sido povoada por fluxos que adentraram nossas terras ou pelo sul ou pelo norte. Séculos passados, porém, depois, já sob a organização dos futuros estados nacionais europeus, os colonizadores povoaram nossas terras combinando dois fatores: povoamento e exploração econômica para garantia da posse da terra. O volume de escravos vindos da África contribuiu, decisivamente, para a formação de uma sociedade etnicamente pluralista ainda que com importantes variações regionais. Mas seria errado pensar que este processo foi harmônico, pacífico ou mesmo um esforço de cristianização. Não. Houve violência embutida nas trocas de experiências e a organização de classes sociais implicou seleções étnicas que, por sua vez, têm a ver ou com a escravidão ou com exclusão e emigração. Exatamente por passarmos por processos históricos próximos – tratamento com índios, escravidão, mestiçagem, independências, afirmação de estados nacionais – poderíamos ter afinidades capazes de promover políticas específicas sobre povos do mesmo corpo continental.

> I wanna go/I wanna go
> I wanna go home
> I wanna go home Brasil
> I wanna go home sertão
> I wanna go home
> Meu pai e minha mãe
> A minha bênção
>
> Ah! Que vontade de pisar naquele chão
> Acelerar a pulsação do coração
> Rever minhas raízes crescendo na terra
> Onde plantei muito sonho e emoção
>
> Trago comigo poeira nos olhos
> Tantas lições de outras terras
> Por onde andei
> Trago no peito um canto
> E da terra do gringo um pranto
> A dor de viver so far way.
>
> *Go Home*
> CALUDARTE SÁ E DALVA DUARTE

BELLINO

Quer dizer que tudo ficou mais claro depois das independências, quando se definiram os estados nacionais latino-americanos no século XIX; mas e depois?

MEIHY

Depois das independências nacionais proclamadas ao longo do século XIX, o que se viu foi uma mudança progressiva no sentido emigratório. A elite branca que ficou tornou-se tradicional e passou a assumir posições hierárquicas em relação aos grupos submissos. A formulação de uma elite dominante se impôs em alguns campos fundamentais da organização social como língua e instituições de controle legal. Em resposta, grupos dominados passaram a resistir de maneira a criar mecanismos de sobrevivência ligados à posse da terra ou aos mercados de trabalho. Mediante a falta de mão-de-obra especializada, os senhores detentores dos meios de produção trataram de submeter os grupos locais às suas regras. Foi nesse sentido que se abriram as novas ondas emigratórias européias que passaram a concorrer, em geral, com as populações nativas ou mestiças. Com o passar do tempo, os grupos que não se integraram localmente tornaram-se os novos emigrantes, agora com atuação inclusive e principalmente no próprio corpo continental. Assim, organizadas as sociedades nacionais, mais recentemente, mudou-se o jogo de forças e, além das emigrações européias e de outros continentes, a própria América passou a contribuir como pólo emigratório que se auto-abastece. Alterou também, drasticamente, a conduta do emigrante que perdeu o caráter impositivo exercido pela força.

Bellino

Falando ainda da formação dos estados nacionais e de sua relação com a emigração européia, é possível dar números?

Meihy

Tal foi a extensão desse movimento na fase Europa/América que entre 1820 e 1914 tivemos mais de 50 milhões de pessoas envolvidas no processo de vinda do chamado "Velho Mundo" para cá. A onda de emigrantes que procuravam o solo americano em geral, porém, se intensificou ainda mais depois do fim da Segunda Guerra Mundial (1939-1945), em que tivemos mais de 30 milhões de novos emigrantes. Então seria justo reconhecer que houve uma fase – iniciada em torno de 1820 de fluxo notadamente europeu no leste estadunidense – que foi suplantada por outra – de depois da Segunda Guerra Mundial e já permeada por outros grupos, em particular por asiáticos – que, por fim, gerou a atual, a terceira fase – de movimentação amplíssima e em particular com a contribuição interna do continente. E é claro que este processo se complicou de maneira que hoje podemos contar que há cerca de 12 milhões de clandestinos nos Estados Unidos.

Bellino

Então, pode-se concluir que o crescimento do processo industrial recente promoveu alterações na determinação dos motivos de transferência emigratória. Isso permite ver que o perfil do emigrante variou de pessoas ambiciosas ou insatisfeitas para pessoas que buscavam saídas em programas de trabalhos e até mesmo por outros motivos pessoais, subjetivos, culturais. Quais as conseqüências disso?

Meihy

Uma conseqüência dessas alterações é a crescente pressão para controlar o processo. Há, no mundo hoje, mais de 120 milhões de pessoas que vivem fora de suas fronteiras natais, o que equivale a 2% da população mundial avaliada em cerca de 6 bilhões de habitantes. A conclusão mais evidente de toda esta formidável alteração na concepção de emigração é que os movimentos de emigração atuais são de justificações econômicas, apoiadas nas forças de trabalho. Há, contudo, outros fatores atuando individualmente e que em conjunto mudam o perfil dos emigrantes de mera força de trabalho. Aspectos culturais em sentido amplo se juntam às justificativas de trabalho. No mundo moderno, é comum supor combinações que aliam, à busca de saída profissional ou mesmo de melhor capacidade de consumo, outras razões ditas "menores". Até mesmo para se buscar experiência existencial é válido admitir a possibilidade de mudanças de países.

> "O atual momento é propício para que os povos da América do Sul também vejam o continente de forma integrada. É vital que nos apropriemos de nossa identidade política, econômica, social e, porque não dizer, de destino e de alma. Para isso é preciso ver e ser visto com mais intensidade."
> RICARDO KAUFFFMANN

Bellino

Acho que um dos enigmas mais estranhos nessa história de emigração é distinguir o geral do particular. Enfim, como entender a situação da emigração brasileira para os Estados Unidos além dos impulsos gerais. De um lado, há motivações comuns, mas de outro não conseguimos nos ver no contexto latino-americano.

Meihy

Como desdobramento da necessidade de sustento e readequação das soluções produtivas contextuais, grupos de diversos países também entraram em processos de mudanças demográficas, de reacomodação no próprio corpo do continente. No caso brasileiro, motivado pelas constantes secas, nordestinos têm se transferido para o sul. Este fenômeno, contudo, coincide recentemente com outro fluxo, da saída de brasileiros para o exterior. Sob a mesma lógica, hoje, bolivianos, paraguaios e equatorianos trocam seus países pelo Brasil, Colômbia, Venezuela ou Argentina. *Grosso modo*, porém, as grandes movimentações continentais ocorrem na direção sul/norte, da América Latina para os Estados Unidos. No caso interno ou externo, um bom entendimento das razões emigratórias se assenta na força da estabilidade econômica e dos controles de mercados de trabalho e possibilidade de satisfação de certos interesses culturais, religiosos e comportamentais. Atua nesse processo tanto a desintegração das economias artesanais e de base rural como, em outro extremo, a motivação urbana, industrial, sob a égide do progresso material. Os Estados Unidos servem de exemplo para justificar os impulsos desse processo de busca de espaços ideais para a população pobre do resto do continente. A lógica que explica as inversões de população, no caso da América Latina e dos Estados Unidos, se apóia na teoria conhecida como *push × pull* que alia mecanicamente o "empurrar" e o "puxar". Os países pobres "empurram", os ricos "atraem". Esta é uma verdade que assola *nuestra América*.

Bellino

A vontade dos emigrantes é sempre regulada por leis, ordenamentos e mesmo obstáculos; quais são os principais? Eles sempre existiram? Há forças capazes de regulá-los? Pensando na América Latina, o livre trânsito proposto não deveria facilitar?

Meihy

A mesma contradição que se nota em relação aos problemas da globalização pode ser identificada no continente americano. Existem acordos que se armam, mas eles funcionam mais em termos econômicos e de produção. Em contraste, os limites nacionais se redefinem em obediência às mais velhas tradições de fronteiriças. Esses processos emigratórios implicam delimitação de espaços nacionais e zelo em seus controles. Se prestarmos atenção, é fácil ver que o patrulhamento é sempre de "dentro para fora" e é rigoroso e regido por acordos sociopolíticos dos países, por meio dos estados. Eles, fisicamente, sempre existiram, diga-se: a China no passado, por exemplo, construiu suas imponentes muralhas; as cidades medievais eram cercadas e sempre existiram exércitos atentos aos problemas de fronteiras. Seria equivocado pensar que essa prática caiu em desuso mesmo depois que as emigrações mudaram seus fundamentos. Aqui e ali repontam lastimáveis memórias disto. No mundo contemporâneo, em casos extremos, ainda há limites físicos ou materiais que são usados como forma de separar ostensivamente as partes e, para exemplificar, temos o recém-derrubado Muro de Berlim e, infelizmente, agora, a proposta de ampliação do muro planejado para separar os Estados Unidos do México. Mas podem-se considerar estas atitudes isoladas, pois, mais eficientes do que elas, existem os entraves culturais, os preconceitos. Com as seqüentes ondas emigratórias, os mecanismos de controle evoluíram de mero aparato militar para administrativo e cultural. Não que não haja mais a presença da ostentação militar, mas ela foi submetida ao rigor burocrático que, por sua vez, se vale de artifícios diplomáticos para garantir legitimidades.

BELLINO

Como funcionam os princípios gerais do Direito Internacional e as regras de seleção para o ingresso de emigrantes?

MEIHY

As possibilidades conceituais sobre o Direito de ir e vir são expressas mas seu funcionamento é relativo. Elas estão garantidas em princípios que asseguram o livre trânsito interno, dentro de cada país. Tal situação, porém, é complicada quando as fronteiras são internacionais. A intensificação dos trânsitos estrangeiros tem exigido cada vez mais critérios rigorosos para a condição de emigrante. Se antes da Primeira Guerra Mundial o passaporte era questionado como documento útil, depois passou a ser condição de viagens internacionais. O crescimento das emigrações, contudo, passou a ditar modulações nos critérios de seleção. Porque os emigrados fazem sentido nas sociedades que os recebem, algumas brechas são abertas para triagem. O sistema de cotas, adotado por alguns países como os Estados Unidos, mostram a necessidade de requalificação dessa discussão.

BELLINO
Quais critérios os países assumem para determinar qual é o bom e qual o mau emigrante, o desejável e o indesejável? Por sermos do mesmo continente, deveria haver um tratamento especial para os latino-americanos?

> Bela América morena
> cena de América nativa
> Voraz, audaz, capaz de ser quase tudo
> Feroz, depende de nós
> Negra América sereia
> veia de lira americana
> Canções, paixões
> teus sons se espalham no mundo
> e aqui circulam clandestinos
> na música da noite
> em sambas e blues
> Louca América mestiça
> missa na América romana
> cruel, babel, teu céu nos cobre infinito
> Ao sul sob os temporais
> Bela América latina
> sina de América cigana
> Virá, será
> terá que ser mais bonito
> Bendito fruto do futuro
> da selva americana
> É cedo demais
> RICARDO MAESTRO E JOYCE

MEIHY
Há uma relação direta entre o tipo de emigrante e os padrões de controle seletivo estabelecido por país. A escolha dos fatores facilitadores da aceitação diz muito das condições do país hospedeiro. Também é fácil entender o fluxo de procura, pois na cabeça do emigrante as situações são complementares. Entre uma e outra condição, atua a mediação diplomática dos países. Além da questão de Estado – de um país para outro – os atributos do emigrado são determinantes: condições profissionais, domínio da língua nacional, rede de contatos, condições de sustentação e, principalmente, o conhecimento das leis que determinam a situação de legalidade ou ilegalidade. A combinação do exagerado número de emigrantes e o excesso de leis limitadoras tem feito com que haja cada vez mais emigrantes indesejados nos países hospedeiros e isto obriga a um controle cada vez mais apurado e à dramática prática da extradição ou repatriamento. Quando os bloqueios legais são furados, a condição de indocumentado força indivíduos a uma vida paralela e arriscada, além de não permitir acesso livre aos possíveis benefícios oferecidos a quem

entra legalmente em um país. Estas leis são gerais, não atuam especificamente sobre os países latino-americanos.

BELLINO
Como a severidade das leis afeta as relações dos Estados e o que isso significa para os indivíduos?

MEIHY
A ampliação numérica dos mecanismos de controle tem proposto severos problemas para indivíduos e Estados. O caráter punitivo das restrições acaba por promover dificuldades que afetam a auto-estima e até mesmo a integridade física dos interessados em mudar de um país para outro. Além dos dilemas burocráticos, o tratamento delegado aos indivíduos que se habilitam a transgredir a lei envolve relações complexas que exigem adequação ao Direito Internacional. As políticas estatais determinam os padrões emigratórios e obrigam os países receptores a responderem a certas perguntas que lhes são comuns: em que escala, quando e por onde entram os emigrantes? Que tipo de assistência deve ser dada aos emigrantes? Essas questões implicam políticas de controle.

BELLINO
Por sermos do mesmo continente, deveria haver um tratamento especial para os latino-americanos?

MEIHY
Idealmente, sim. Por sermos um mesmo continente poderíamos pensar em uma unidade que fosse coerente com a continuidade territorial. Isto, contudo, não acontece. Historicamente a divisão entre uma América de colonização ibérica – de Portugal e Espanha – se opõe à de outras raízes – inglesas, francesas, holandesas. Em termos de cultura isto tem peso, pois inspirações católicas se contrapõem às protestantes e engrossam a lista de outros estereótipos que se estabelecem dividindo os grupos. Mas, sobretudo, a soberania nacional estabelece fronteiras muito claras. Mesmo que o mundo moderno caminhe para a formulação de grandes mercados econômicos, de blo-

cos, no caso da América Latina tudo é muito difícil dadas as diferenças históricas e as polarizações que demandariam neutralizações muito complicadas.

BELLINO
É válido, portanto, admitir que há elementos fundamentais atrapalhando a integração latino-americana e que isto se reflete na falta de uma política específica em relação à emigração continental? Em síntese, como poderíamos explicar isto?

MEIHY
Por outro lado, as feições definidas pela realidade dos Estados Unidos admitem a necessidade dos trabalhadores emigrantes, pois o nível de vida médio dos norte-americanos, alcançado pelo sucesso do trabalho eficiente que se estabeleceu com base na indústria, acabou por abrir campos de trabalho que não são compatíveis com o status dos cidadãos locais. O acesso à educação superior, por exemplo, teve tanto sucesso que muitos formados não aceitam trabalhos considerados incompatíveis com a própria formação. Isto abriu espaço para a ambigüidade entre o nível econômico e de preparo tecnológico ou cultural formal que obriga a abertura para que os trabalhos "menores" sejam oferecidos a pessoas "de fora". Com isto

> "Com a globalização dá-se dos pobres a exclusão; acima dos médios, a inclusão e destes – se ricos –, a reclusão."
> CARLOS VOGT

se garante que mesmo países muito desenvolvidos precisam de uma base que faça as tarefas mais corriqueiras. Não se está dizendo que os emigrantes sejam "cidadãos de segunda ordem", pessoas que só servem para as tais funções básicas. Mas na prática o que se nota é que a clandestinidade favorece o crescimento de um mercado de trabalho em que pessoas com baixa qualificação ou com disposição de trabalho em áreas que não são suas supram necessidades.

BELLINO
Então, se entendi bem, a emigração precisa ser vista como:

1. um processo geral mas com particularidades continentais;
2. movimento de acomodação dos fluxos nacionais que se movem de país a país, continuadamente;

3. realidade onde, a par da movimentação de diversos continentes em busca da América, aqui se intensifica um movimento de emigração continental;
4. sujeição às leis internacionais que atuam de maneira a regular as diferenças;
5. questionamento dos limites dos princípios históricos da "nuestra América".

Existe alguma história para iluminar esta discussão?

Meihy

A HISTÓRIA DE ALBERTINA

Encontrei-me com Albertina no terminal aéreo de Washington, DC. Estávamos sentados aguardando saídas diferentes quando a ouvi falar português com uma amiga. Ambos tínhamos tempo de espera e logo me apresentei. Começamos uma conversa e depois de um tempo pedi para gravar. Orgulhosa, logo ela afirmou: *"Pode sim; tenho o que contar."* Após declinar detalhes de sua origem humilde fez alguns comentários a respeito da exploração que se faz das moças de Goiás *"principalmente daquelas que vão para a Espanha"*. De certa forma, Albertina queria se distanciar do estereótipo das goianas que do exterior sustentam a família com atividades de dançarinas ou com a prostituição. Isso, aliás, era importante para ela porque *"ser manicure nos Estados Unidos não é a mesma coisa que no Brasil. Aqui somos valorizadas como profissionais e é isso que faz a diferença"*. Arrumada ao estilo brasileiro, a moça se orgulhava de dizer que *"continuo brasileiríssima, como até arroz com pequi e em casa não pode faltar pamonha salgada"*. As peripécias migratórias de Albertina começaram no sul do próprio estado. Aos 18 anos foi morar com uma tia em Catalão, cidade industrial *"e com mais oportunidades que Cachoeira Alta, de onde eu vim"*. Justificando que precisava continuar os estudos e trabalhar ao mesmo tempo, ela tentou muito, mas sem sucesso. Começou como balconista de farmácia, passou para uma padaria e terminou como funcionária administrativa de uma clínica particular. Dando explicações patrióticas afirmou: *"Amo de paixão o Brasil, mas nada dava certo em questões de trabalho. Ficava um ou dois meses e... rua!"* Albertina soube da possibilidade de viajar para os Estados Unidos por intermédio de uma amiga que fora trabalhar como *"tomadora de conta de crianças, babá"*. Esta lhe pareceu a oportunidade de que precisava e foi esta mesma

> Dando explicações patrióticas afirmou: *"Amo de paixão o Brasil, mas nada dava certo em questões de trabalho. Ficava um ou dois meses e... rua!"*
> ALBERTINA

colega que indicou uma agência que aliciava mulheres para serviços em outros países. Para Albertina, tomar conta de criança e ainda conhecer os Estados Unidos, ter onde se hospedar e ganhar dinheiro era a receita completa para solucionar seus problemas. A demora para que tudo se acertasse causava ansiedade à moça que estava determinada à busca *"de oportunidades para quem precisava sobreviver e ajudar a família"*. Desde que soube da oportunidade, qualquer dinheirinho que sobrava era destinado a este sonho. *"Nem estudar mais eu quis para guardar algum para a viagem, não comprava roupa, nada"* e foi para este plano que a moça se dedicou. Finalmente, uns seis ou sete meses depois a agência a chamou para uma primeira entrevista. Amedrontada mas decidida ela foi até Goiânia e disse ter se saído bem do encontro: livre, desimpedida e com um dinheirinho para pagar a taxa pedida pela agência. Duas coisas a preocupavam, porém: não iria tomar conta de criança, e sim trabalhar como atendente de uma clínica e se responsabilizar por velhos doentes, mas o bom da história é que teria um contrato de 18 meses, passagem de ida e volta. Como fizera tudo "na surdina", foi difícil convencer os familiares que desconfiavam de alguma coisa errada. Disse a esse respeito: *"Eles, coitados, estavam achando que era uma fria, como a das moças de Goiás que vão para Europa, sabe como é, né?"*. O destino inicial de Albertina – que andava de avião pela primeira vez – era Providence, RI, mas o vôo tinha conexão em Miami. Sozinha, declarou escondendo desaponto: *"Me perdi no aeroporto, demorei para achar as malas e perdi a conexão. Não sabia telefonar, entrei em pânico e fui parar no atendimento médico. Felizmente tinha uma cubana que me ajudou e no fim tudo deu certo"*, contava ela. Os sonhos de realização fácil logo se perderam: tudo era muito difícil, morava mal com outros empregados no asilo, não conhecia ninguém, não falava a língua e tinha que trabalhar nas piores horas, fins de semana e fazia de tudo, desde cuidar da higiene dos velhos até arrumar a roupa deles. *"Era tudo meio louco"*, pois a comunicação era por sinais e outras indicações, mas isso era normal naquele lugar. Dizendo-se, contudo, *"felizarda"* por ter encontrado uma família de ingleses que mais tarde a levou para casa, depois de um ano de trabalho, começou a vida de empregada doméstica. Rindo ela dizia: *"No Brasil, eu jamais trabalharia como doméstica."* Empolgada com a narrativa, olhando muito para o gravador, afirmava que o próximo desafio era arranjar um casamento com americano, pois *"eu não queria ficar fora da lei, sem documentos"*. Conseguiu *"foi um casamento arranjado, paguei pro cara cinco mil dólares mas fizemos tudo direitinho"*. Depois disto, outra vez sem dinheiro, Albertina começou a trabalhar *"com umas coreanas, nos fins de semana, em um salão num hotel, no centro"*. Dando-se bem, ela pensava em ter o próprio negócio, o que conseguiu

> três anos depois. Avaliando sua experiência, Albertina se mostra contente por ter realizado o sonho da auto-sustentação: além de ter um salão movimentado, manda dinheiro para a família no Brasil e sabe que todos estão bem, os irmãos formados e com negócios próprios. Com uma ponta de tristeza, porém, Albertina afirmou: *"Pois é, minha realização teve um preço caro para minha vida particular: não me casei com quem queria, não estudei, não fiz o que toda moça normal faria, mas cumpri meu papel e isto já é bastante."* Sobre a identidade brasileira disse simplesmente: *"Sou um peixe fora da água."* E seus olhos se encheram de lágrimas.

Bellino

Albertina é mulher de coragem. Assumindo a responsabilidade pela melhoria das condições familiares, mudou-se primeiro dentro do próprio estado e só depois de tentar é que fez a opção pelos Estados Unidos. Há uma relação de sorte e prudência nas escolhas dela: procurou emprego, acertou valores, passagens e sobretudo documentação. Determinada, Albertina foi sozinha. Perdeu-se no aeroporto, entrou em pânico mas conseguiu ajuda. No destino, mesmo tendo desbotado os coloridos sonhos feitos longe dos Estados Unidos, tratou de procurar saídas. Encontrou numa família inglesa a oportunidade de superar as dificuldades. Chama atenção o fato de ela investir suas economias no "casamento", mas não deixa de ser representativo de seu esforço a vontade de ter seus papéis acertados. Achar o caminho próprio – chegar a ser manicura com salão seu – é uma prova da determinação da moça. A avaliação final de seu investimento pessoal é clara: ela se sacrificou pela família e acha que valeu a pena ser "um peixe fora da água".

E AGORA?

- Você se sente parte da comunidade latino-americana?
- Como latino-americano, de que maneira reage frente aos fluxos de emigrantes de países vizinhos que escolhem o Brasil como local de vida?
- Há diferença na postura dos emigrantes latino-americanos que vêm para o Brasil e os que daqui saem?
- O que poderia facilitar a reflexão sobre a emigração latino-americana?

PARA PENSAR

"Senti necessidade de viajar, de buscar novos ares. Vim para os Estados Unidos, mas poderia ter ficado no México. Adorei Monterey, mas tinha que vir para cá porque aqui é que estava o dinheiro."
ÁLBA MUNHOZ ALVELAR, 31 ANOS,
SÃO LOURENÇO, MG/NOVA YORK

"A emigração para os Estados Unidos é normal se pensarmos que tem muito americano vivendo na América do Sul. É só olhar os nossos países e vamos ver que há muito 'gringo' por lá."
JOSÉ HENRIQUE MAZZARELLO, 43 ANOS,
URUGUAIANA, RS/LONG ISLAND

"Viver em Miami é viver na América Latina."
VIVIAM GALLENO, 30 ANOS,
BELO HORIZONTE, MG/MIAMI

CAPÍTULO 5

RAZÕES DA EMIGRAÇÃO

*Depois da tormenta, o mar amanhece
azul como nos quadros.*
GABRIEL GARCIA MARQUES

BELLINO
Entendi que as pessoas têm, mesmo que inconscientemente, uma memória do que é emigração e algumas vivem esta experiência em combinação entre o que é impulsivo e a necessidade pessoal. Há histórias que sintetizem isto? Conte uma delas.

MEIHY

A HISTÓRIA DE GERALDO

A história de Geraldo Silva Marques serve para mostrar como há variações nos motivos que levam à emigração. Trabalhando como auxiliar de encanador em Nova York, no Brasil foi microempresário. Eram dias, segundo ele, "*gloriosos*" para quem havia começado um pequeno negócio de fabricação de recipientes de lixo. Com alguma nostalgia contava: "*Naquele tempo não havia essa coisa de sacos de plástico de lixo e então comecei um negócio que ia muito bem, em São Paulo*". Revelando que a legislação passou a obrigar o uso de embalagens, todo seu investimento foi "*por água abaixo e minhas economias de uma vida de sacrifícios serviram apenas para pagar as despesas com os empregados e fechar a firma*". Comovido, com lágrimas nos olhos, reclamava: "*O que eu podia fazer: 51 anos, mulher e duas filhas, uma*

> casada, com filho e marido desempregado. E ninguém dá emprego no Brasil para um coroa sem experiência em outro ramo." Explicando que só restava pensar em "sair do Brasil porque não tinha jeito lá" optou por "tentar a vida no exterior, nos Estados Unidos, onde todos diziam que havia oportunidade para pessoas como eu". Foi o que fez e contava que decidiu assim: "Um dia, depois de passar por umas dez firmas buscando o que fazer, resolvi que era difícil voltar para a casa e dizer para a mulher 'olha, não consegui nada'. Fazia já cinco meses que eu batalhava qualquer coisa." Sentou-se em um bar, pediu uma cerveja, depois mais uma e outra e assim concluiu: "Vou sair do Brasil." E com a decisão foi para a casa. Até então Geraldo não tinha dito nada para a mulher nem para outra pessoa: "A decisão na verdade estava tomada, precisei das cervejas para assumi-la", disse ele. Planejou tudo "rapidamente e juntei o restinho da grana, escrevi para uma família de conhecidos e nem esperei a resposta". Logicamente, o começo foi difícil, mas "tudo melhorou quando trouxe a mulher, as filhas, o neto e até o genro desempregado". Disposto a tudo, trabalhar de encanador "foi moleza", tanto que arrastou até o genro. Falando sobre as razões da mudança ele disse: "Olha, para mim foi fácil porque senti que não cabia mais no Brasil"; para minha mulher não foi tão difícil "porque ela teria que vir e nem teve que tomar decisão alguma. Minha filha mais velha era solteira e queria muito estudar enfermagem e achou que aqui seria bom então, para ela, acompanhar a família foi uma bênção. A filha menor, casada, tinha também que acompanhar o marido e o netinho nada podia fazer". Comentando o resultado de três anos de permanência dizia o seguinte: "Minha filha mais velha está trabalhando aqui e não quer voltar até porque arranjou um gringo e vai se casar com ele. O genro vai voltar porque juntou um dinheiro e quer abrir uma firma de encanamento lá, então, naturalmente minha filha e o netinho voltam. Fico morando aqui mas com parte da família lá, vou ficar indo e voltando."

BELLINO

Impressionante como há casos como o de Geraldo, de pessoas que decidem emigrar, mas não são sozinhas. O desafio da mudança de um chefe de família muitas vezes faz com que todo o grupo de parentes se posicione. No caso, às duas esposas, dado o peso da cultura masculina, nada restou a não ser acompanharem o marido. O netinho, criança ainda, logicamente também. Para a filha mais velha, solteira e com esperanças de completar o estudo de enfermagem, foi oportuna a situação. O genro foi na alternativa de juntar algum dinheiro e voltar para, no Brasil, em vez de ser empregado virar patrão. Foram motivos diferentes, mas reunidos pela presença de uma chefia que advogava a necessidade da busca de um lugar ao sol. Trabalho, estudos, segunda chance, vários outros fatores levaram este grupo a ser representativo da multiplicidade de situações que justificam a emigração.

Mas como poderemos pensar nos fatores ditos subjetivos no processo de decisão da emigração? Como ficam as "razões materiais"?

Meihy

Seria ingênuo pensar que apenas fatores econômicos movem as ondas do agitado mar de emigrantes. Há outros fatores, mas todos dependem de arranjos ligados à condição de trabalho. Isto, aliás, promove as desculpas de mudanças que se assentam, fatalmente, na busca pela sobrevivência. Fatores econômicos são, portanto, os motivadores mais visíveis das viagens e também os mais salientes veios explicativos para as mudanças de um local para o outro. É aí que incide outro elemento fundamental na explicação geral, a busca de melhores condições de vida, de aperfeiçoamento ou correção de processos frustrados que ficaram para trás. Uma coisa é fundamental: ninguém muda por mudar ou deixa para trás algo que se afigura como pleno ou satisfatório. Então temos dois pontos complementares e que se implementam na motivação de viagem: a propaganda e o interesse de melhoria do padrão de vida. Ambas as situações se explicam no espírito do capitalismo que se expressa na sociedade de consumo e nos processos de globalização que implicam agilização de transportes e comunicação.

Bellino

No mundo capitalista, a ventura da procura por condições ideais para o progresso pessoal se desdobra da vontade de "ter" para a de "ter mais", então, não seria este desejo determinante?

Meihy

Ter ou ter mais é a ponta aparente do processo e, no universo capitalista, vale como a grande justificativa, mas se olharmos com cuidado trata-se, na maioria das vezes, apenas de condições de subsistência. Há outros elementos que nunca são considerados, como satisfação pessoal e status social. A socie-

> Emigração: movimento de saída de pessoas ou grupos humanos de uma região, de um país, para estabelecer-se em outro em caráter definitivo ou por período de tempo relativamente longo. Além das causas econômicas, outras podem influenciar no desencadeamento de movimentos emigratórios, tais como questões políticas, religiosas, raciais ou ambientais.
> CONVENÇÃO INTERNACIONAL SOBRE A PROTEÇÃO DOS DIREITOS DE TODOS OS TRABALHADORES MIGRANTES E DE SEUS FAMILIARES, APROVADA PELA ONU EM 18 DE DEZEMBRO DE 1990

dade de consumo promove desejos que agitam o mundo da compra e venda e a satisfação pessoal, em muito, depende dos ajustes feitos aos modelos tidos como vencedores. Aí fertilizam as razões aparentes ou justificativas das viagens. Tratam-se, contudo, de motivações implícitas ou explícitas. As explícitas são sempre de ordem econômica ou material, as implícitas são bem mais sutis. As implícitas são sempre enigmáticas por serem subjetivas e, assim, respondem a outras motivações. As explícitas dizem, fatalmente, respeito aos meios materiais de vida, ao sucesso. O verbo "trabalhar", então, de condição de subsistência, sob a égide da globalização, ganha sentido de autorização para mudanças emigratórias. Sair para "trabalhar" virou uma espécie de licença moral e por isto aceita por todos.

Bellino

Mas o que faz o emigrante? É possível manter a identidade original ou deve-se advogar que os emigrantes tornam-se "cidadãos do mundo"?

Meihy

Antes de mais nada é preciso conceituar os sujeitos que se movem como "migrantes" – quando o fazem dentro do próprio país – e como "emigrante", quando saem em busca de outro país, e "imigrante", quando estão estabelecidos definitivamente. Em continuidade, como trabalho é condição aceitável em qualquer quadrante, pela busca laboral se justificam as mudanças em um ou outro caso. Assim, hoje em dia, torna-se relativa a perda de padrões nacionalistas ou patriotas. Ser "cidadão do mundo" virou uma espécie de possibilidade ao alcance de (quase) todos. Não é mais porque um indivíduo emigra que ele, culturalmente, precisa deixar de ser o que é. Sobretudo a rapidez dos transportes permite acelerações decisórias e reaproximações cada vez mais fáceis. Isso permite que se pense nos critérios das viagens internacionais. O planejamento é uma das condições essenciais para definir o caráter emigratório. A questão da temporalidade ou duração do planejamento é importante. Emigrante "temporário" ou "permanente"? Esta questão é deflagradora do entendimento do processo como um todo. De certo modo, ser emigrante temporário ou permanente depende das condições e acertos de trabalho. No mundo globalizado, dado as condições de ligação entre mercados fornecedores e compradores, as relações são articuladas de maneira a estreitar distâncias. A economia em escala planetária é um forte elemento justificador das mudanças populacionais. Com o passar do tempo, à medida que a estadia torna-se prolongada e com ares definitivos, no caso internacional ela deixa de ser meramente imigração e ganha foros de emigração.

BELLINO
Independentemente das diplomacias estatais, a sociedade civil dos países hospedeiros tem reações que nem sempre são de acolhimento aos estrangeiros. O xenofobismo, como se disse, é uma das garras mais expostas do monstro que ronda as emigrações. Visto como bárbaro, quem vem de fora acaba por ser confundido com invasor, alguém que chega para corromper a tradição e a identidade firmadas culturalmente. A que se deve a força desses sentimentos?

MEIHY
No fundo, porém, estes preconceitos se ligam às possibilidades de concorrência trabalhista. Há muito de defensivo na percepção dos hospedeiros que refutam os emigrantes. Na melhor das hipóteses, o reconhecimento da fertilidade do convívio é fator de crescimento pessoal e cultural, mas o que se nota é o avesso disso com atitudes de exclusão. Em vez de uma propositura positiva, reverso desta medalha, os grupos emigrantes acabam por se isolar e reconstruir comunidades que se caracterizam em muitos casos como guetos.

BELLINO
Mas pode-se dizer que existe uma cultura emigratória no mundo moderno? Quais são os demais fatores condicionantes?

ÍCONES ANTIIMIGRATÓRIOS

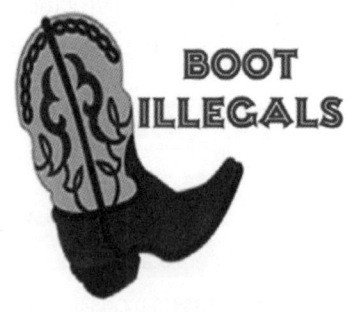

SPEAK ENGLISH

BUILD THE WALL

BOOT ILLEGALS

ADIOS ILLEGALS

STOP ILLEGAL IMMIGRATION

Illegal Immigration SUCKS

**Welcome to America
We speak English here**

No Amnesty for Illegals

BUILD THE FENCE

Fonte: www.cafepress.com/trackembown

ÍCONES ANTIIMIGRATÓRIOS

NO AMNESTY FOR ILLEGALS

deport illegals

Don't mess with me
I'M SO LEGAL

STOP ILLEGAL IMMIGRATION

NO ILLEGALS
NO COMPROMISE
NO AMNESTY

Support Minute Men
Secure Our Borders
Enforce Our Laws
A Message from The Government at Washington

Illegal?
Need Help?
1-800-ADIOS

NEW
OFFENDED?
1-800-DEPORT

Press 1 for Deportation

Fonte: www.cafepress.com/trackembown

Meihy

É preciso reconhecer que além dos interesses materiais, econômicos e imediatos, outros aspectos importantes motivam viagens, como constrangimentos religiosos, políticos ou mesmo de orientação sexual. Tais circunstâncias, no entanto, são consideradas especiais e fogem do padrão normal, comum das emigrações históricas, mas são elas que qualificam a existência de uma cultura de emigração que passa a ser assumida como tema aberto para a discussão sobre tolerância, por exemplo. Hoje em dia, a par de uma propaganda ostensiva para que se experimentem diferenças comportamentais de um povo para outro, há um forte apelo para se visitar lugares de lazer, sítios exóticos ou pólos culturais. Sem dúvida, faz parte dos preceitos da classe média ter alguma vivência no exterior. A indústria do turismo aproveita-se disto e tornou-se até um dos negócios de maior crescimento em todo o mundo. Daí também uma contribuição para a motivação emigratória. De toda maneira, a prática de mudanças demográficas impôs a existência de uma cultura emigratória. O tema é complexo, mas sempre facilitado por debates correlatos como a indústria do turismo.

> **As regiões ou países fortemente marcados por emigração são também chamados países ou regiões de países de origem dos migrantes e, em certas circunstâncias, países de expulsão de migrantes.**
> CONVENÇÃO INTERNACIONAL SOBRE A PROTEÇÃO DOS DIREITOS DE TODOS OS TRABALHADORES MIGRANTES E DE SEUS FAMILIARES, APROVADA PELA ONU EM 18 DE DEZEMBRO DE 1990

Bellino
Mas como o turismo influi no processo emigratório?

Meihy

Pela propaganda, por exemplo, evidenciando delícias – paisagens, gastronomia, esportes. Isto gera fantasias que se multiplicam em propostas de lugares a conhecer e eventualmente morar. A propaganda fabrica desejos. Sublinear aos textos e iconografia provocantes, matéria essencial do turismo, fomenta-se a vontade de viajar, independentemente do desejo criado pela propaganda turística, quando se passa da possibilidade do turismo para a emigração. Em termos comparativos, o turismo cresce sem prejudicar a amplificação dos fluxos migratórios. Aliás, pelo contrário, levas de emigrantes fomentam o turismo motivado, inclusive, pelas distâncias entre familiares.

Bellino

Não há como deixar de lado algumas questões que correm por outras vias, e nessa linha o problema dos refugiados é enorme. Poderia falar um pouco sobre isto?

Meihy

É verdade que a tradição de asilo também é quase inerente à história da humanidade. Consagrado no lema da Revolução Francesa – liberdade, igualdade e fraternidade – o tema da aceitação universal se tornou uma espécie de passaporte para a tolerância. Isto, porém, teoricamente. Os nacionalismos redefinidos no século XIX, contudo, borraram liberalidades que se manifestam em antagonismos entre quem chega e quem recebe. Com certeza, seja em relação aos emigrantes que chegam para combinar os interesses pessoais com as possibilidades de trabalho no país que recebe ou pelos acordos de apoio aos refugiados, a emigração reclama por direitos. Mais do que os emigrantes regulares, os refugiados têm direitos preservados. Isto os distingue. Guerras civis e conflitos étnicos servem de impulso a muitos grupos que deixam seus países e buscam outros.

Seja emigrante ou refugiado, o fato concreto é que a emigração hoje é uma realidade irreversível. Mesmo sendo um processo problemático, de conflitos entre políticas de aceitação e recusa dos emigrantes, nota-se uma polarização entre pobres e ricos. Como os países hegemônicos atingiram um determinado grau de riqueza coletiva e de avanços em termos educacionais, resta a "importação" de mão-de-obra as tarefas mais corriqueiras e consideradas inferiores.

Bellino

Mas falando-se dessa maneira parece que as motivações de busca são independentes das fronteiras e influências regionais. Não é possível, por exemplo, que os orientais tenham a mesma motivação do que os habitantes de países limítrofes ou do mesmo bloco geográfico? Pode falar um pouco sobre isto?

> Emigrar significa, pois, deixar um país para ir se estabelecer em outro. Por emigrante entende-se a pessoa que deixa sua pátria e passa a residir em outro país.
> CONVENÇÃO INTERNACIONAL SOBRE A PROTEÇÃO DOS DIREITOS DE TODOS OS TRABALHADORES MIGRANTES E DE SEUS FAMILIARES, APROVADA PELA ONU EM 18 DE DEZEMBRO DE 1990

MEIHY

Independentemente dos graves casos de exílio forçado por incompatibilidades de convívios entre nacionais, em termos geográficos, a tendência de emigração por "sistemas regionais" é a mais praticada. Porque fronteira com o México, natural e historicamente, a transferência de mexicanos para os Estados Unidos é um elemento fundamental. Hoje cerca de 10% da população mexicana vive no país vizinho/norte. O Brasil e a Argentina também acabam recebendo gente dos países fronteiriços. Um dos problemas mais significativos que temos é o ingresso de bolivianos e paraguaios em nosso território, mas isto não impede a reversão, ou seja, a saída de outros tantos. Mas nem toda emigração se dá por causa da proximidade de borda. A intensificação dos latino-americanos em busca dos países do norte é espantosa. De regra a emigração brasileira para fora do país tem sido considerada em seus aspectos negativos. A incompreensão de situações problemáticas quase sempre passa por um sentimento defensivo, algo como *"o lugar dos brasileiros é no Brasil"*. Exatamente por concordar com este princípio e por respeitar o direito de liberdade e opção, pelo apreço ao direito de ir e vir, é que se busca iluminar outros ângulos dessa questão. A evocação de alguns mitos explicativos, bem como a fundamentação histórica, são atributos desse esforço.

> **INDOCUMENTADO**
>
> Aplicado este termo aos trabalhadores migrantes, a Convenção Internacional sobre a Proteção dos Direitos de todos os Trabalhadores Migrantes e de seus Familiares, aprovada pela ONU em 18 de dezembro de 1990, define a categoria "Migrantes indocumentados ou em situação irregular" como "aqueles que não foram autorizados a ingressar, permanecer e a exercer uma atividade remunerada no Estado de emprego, de acordo com as leis desse Estado e os acordos internacionais em que esse Estado seja parte" (art. 5º, letras "a" e "b"). Trata-se, nos termos da Convenção, de trabalhadores migrantes indocumentados.
>
> CONVENÇÃO INTERNACIONAL SOBRE A PROTEÇÃO DOS DIREITOS DE TODOS OS TRABALHADORES MIGRANTES E DE SEUS FAMILIARES, APROVADA PELA ONU EM 18 DE DEZEMBRO DE 1990

BELLINO

É simplista a interpretação do emigrante latino-americano como alguém que deixa seu país como se fosse algo fácil, inconseqüente ou mesmo antipatriótico. Abordamos também a questão da emigração forçada, mas no caso dos brasileiros podemos mesmo falar de uma emigração? Sinto que às vezes força-se a barra ao admitir que constituímos uma emigração. O que acha disso?

Meihy

A redução do esforço emigratório dos brasileiros a fatores mesquinhos, por sua vez, diminui o emigrante e rebaixa seu papel nos cenários nacional e internacional. Ao mesmo tempo, muitos sem defesa acabam incorporando este sentimento de "traição" e perdem a identidade original. Na maioria dos casos, porque as pessoas não se vêem em um processo maior, acabam sentindo o peso da emigração como se fossem responsáveis por um movimento que é irreversível em sua abrangência. Mas para responder com objetividade sua pergunta, devo dizer que há, sim, um processo emigratório que merece ser visto como tal, pois sem isto perdemos o horizonte de nossa realidade. Porque temos tanta gente saindo, há uma prática de emigração e uma das conseqüências mais expressivas disto é o chamado "envio de divisas" do exterior para cá. Hoje, ao país, estranhamente, interessa que tenhamos gente "fora". O ingresso de dinheiro vindo do exterior é hoje a terceira maior fonte de divisas vindas de fora. Isto se deve ao fluxo emigratório internacional.

Bellino

Então, esta definição também tem a ver com números: de pessoas, de quantos saem/entram...

Meihy

Os números mais conservadores dizem que o Brasil tem cerca de 3 milhões de brasileiros fora do nosso território. Há, no entanto, alguns que calculam ser até mais de cinco milhões. Ainda que na década de 1930 já houvesse reclamações do número excessivo de brasileiros em Nova York, foi a partir dos anos 60 que tudo se implementou. Como o golpe militar de 1964, abria-se uma situação nova em que evadidos políticos começaram a freqüentar os Estados Unidos em busca de trabalho e situação de segurança pessoal e familiar. Em termos de prestígio, por exemplo, falamos de figuras políticas como Juscelino ou Leonel Brizola, do mundo jornalístico figuras como Paulo Francis e Franklin Martins, do universo acadêmico Florestan Fernandes e

Emília Vioti da Costa. É preciso reconhecer que havia uma retaguarda marcada pela presença de uma pequena leva de mineiros que, desde o fim da Segunda Guerra Mundial, transitava comerciando e levando pedras preciosas que eram negociadas na Rua 47. Hotéis localizados na vizinha Rua 46 facilitaram a concentração de brasileiros que aos poucos foram justificando o nome que mais tarde ganhou aquele local como "Little Brazil". É o reconhecimento desses antecedentes históricos somado às manifestações musicais, literárias, do cinema e novela que denunciam a existência de uma cultura de emigração. Então, número, divisas e manifestações reflexivas – em nível artístico e acadêmico – garantem uma cultura emigratória brasileira para os Estados Unidos.

BELLINO

Temos mesmo uma história da emigração brasileira para os Estados Unidos? Isso não é muito forçado?

MEIHY

Existem textos da década de 1930, alguns assinados por Monteiro Lobato, por exemplo, que mostram a afluência de brasileiros para os Estados Unidos. No entanto, tudo se intensificou e ganhou ares de emigração durante a ditadura militar iniciada em 1964. Resultado da política dos militares, o chamado "milagre econômico", em particular depois de 1971, motivou uma classe média a viajar. A montagem de uma infra-estrutura para tanto foi crucial para a organização de um pequeno – mas crescente – negócio que mexia com transportes, lojas de atendimento em português, reserva

---

EMIGRAÇÃO CLANDESTINA

A expressão se refere àquelas pessoas que, independentemente da razão porque migram, entram ilegalmente, sem portar qualquer visto ou permissão em um país diverso do de sua nacionalidade ou residência legal. Embora seja difícil individualizar as motivações exatas que induzem as pessoas a migrar clandestinamente, a própria realidade demonstra, de certo modo, que os migrantes assim procedem prioritariamente por motivos econômicos e movidos pela necessidade, em busca de emprego, de saúde, muitas vezes de oportunidades para estudar, para unir-se a familiares que residem no país, para fugir de situações de violência ou devido a violações dos direitos humanos, e, acima de tudo, sonhando sempre com melhores condições de vida. Leis restritivas e medidas excludentes por parte dos países acentuam significativamente o universo de migrantes clandestinos e migrantes em situação irregular ou ilegal.

CONVENÇÃO INTERNACIONAL SOBRE A PROTEÇÃO DOS DIREITOS DE TODOS OS TRABALHADORES MIGRANTES E DE SEUS FAMILIARES, APROVADA PELA ONU EM 18 DE DEZEMBRO DE 1990

de hotéis e compras de ingressos a shows da Broadway. A dinâmica natural desse negócio motivou um comércio especializado que ganhava fama entre os brasileiros visitantes dos Estados Unidos. A abertura da Disneyworld em Miami, a partir de 1973, fez crescer não apenas o fluxo de turistas, mas a possibilidade de extensão do comércio da Rua 46, em Nova York, que se mantinha graças também às leis de restrição aos produtos estrangeiros, que durou até os anos 90. O "milagre econômico" fez gerar uma primeira geração de brasileiros que logo foram reconhecidos como "brasucas". E era um comércio que surgia para atender quase exclusivamente brasileiros. Um dos efeitos dessa fase foi a determinação sutil de Nova York como uma espécie de capital desse Brasil errante.

Bellino
No caso brasileiro, além da ditadura, é possível dizer que houve um momento de drástica mudança do comportamento emigratório para os Estados Unidos? Por quê?

Meihy
Os anos 80, conhecidos como "década perdida", corresponderam a uma sucessão de crises econômicas no Brasil. Dois elementos combinados ampliaram as saídas: a inflação e o desemprego. A violência e a corrupção também atuaram de maneira a fazer dos planos econômicos uma espécie de descrença no futuro da democracia pós-militar.

De todos os fatores, sem dúvida, o Plano Collor foi o maior responsável pela evasão de brasileiros em direção aos Estados Unidos. E também foi o mais traumático, presente na memória de quantos animaram o fluxo das viagens. Resultado da ampliação vertiginosa dos brasileiros que buscavam os Estados Unidos, os anos 90 assistiram a uma mudança no perfil dos emigrantes. Antes era a classe média que ia para lá, pessoas que tinham alguma experiência em viagens, falavam inglês e tinham algum capital para iniciar algum negócio. Gradativamente, isto foi mudando de maneira a transformar a formidável aventura da emigração em uma saída para a falta de empregos no Brasil. E o que tinha sabor de possibilidade de negócios virou busca de trabalho de tipos sociais quase sempre pobres, sem domínio da língua inglesa. Os anos 90 coincidiram ainda com uma melhoria no padrão de vida norte-americano e isto facilitou a formação de algumas linhas de trabalho em que seria possível desempenhar funções como auxílio em restaurantes, faxinas, entregas. Um setor específico foi desenvolvido para os homens: a graxa.

Bellino
Em 2001, quando caíram as torres gêmeas do Wolrd Trade Center, houve impacto no processo?

Meihy
Com o 11 de setembro de 2001 ocorreu outro fenômeno: a decisão de não mais se procurar os grandes centros, como Nova York e Boston, e partir para cidades de porte menor como Atlanta, Washington e Chicago. Porque o controle nos grandes centros se efetivou de maneira bastante eficiente, a virada se explica. Desde 2001, uma série de medidas restritivas tem sido tomada de maneira a fazer com que os diferentes grupos emigratórios, em particular os que estão ilegalmente, busquem estratégias de sobrevivência. Cidades como Nova York e Boston, naturalmente, começaram a ser mais vigiadas. Cidades menores e sem tanta tradição emigratória foram percebidas como lugares ideais para as novas levas.

Bellino
Mas quem são os brasileiros nos Estados Unidos? É possível traçar um perfil deles? Variaram durante o passar dos tempos?

Meihy
Esta pergunta exige respostas atentas às características de cada fluxo. A reputação dos mineiros é firmada desde a primeira fase. Um complexo esquema de redes sociais permitiu que um estado, então pouco industrializado, estabelecesse métodos de saída do Brasil onde algumas regiões organizaram um sistema empresarial bastante eficiente para permitir o fluxo. Cidades como Governador Valadares, Teófilo Otoni, Poços de Caldas e Juiz de Fora são algumas das mais citadas, em particular nos componentes da primeira

fase. Muito lentamente, contudo, outros estados foram compondo o quadro geral e hoje é praticamente impossível não encontrar pessoas de todos os cantos do Brasil.

Mantendo a tendência de pessoas virem originalmente de regiões não-industrializadas, estados como Espírito Santo, Goiás e Mato Grosso do Sul são os atuais campeões de números. Em termos de cifras proporcionais e relativas aos totais de habitantes em postos de origem, os capixabas chegam a bater os mineiros. Por outro lado, parece ser claro o esgotamento do processo de emigração mineira.

Bellino

Pode-se dizer que há uma coerência entre a transformação interna do Brasil recente e o comportamento dos brasileiros que deixam o país em busca de outros centros como os Estados Unidos?

Meihy

Sim, é perfeitamente coerente verificar na mudança do perfil do emigrante brasileiro para os Estados Unidos uma alteração que corresponde às intenções de viagens. Se antes a classe média ou os ricos iam para compras, estudos ou lazer, aos poucos isso foi se alterando. Hoje quem vai, maciçamente, é o pessoal que procura se justificar pela oportunidade de melhoria material de vida. É bastante comum encontrar pessoas que nunca saíram de suas regiões de origem e que pela primeira vez fizeram uma grande viagem ou andaram de avião. Como o desconhecimento da língua inglesa é uma constante, os grupos tendem a ser juntar de acordo com as condições que os levaram aos Estados Unidos, assim, formam-se lá espécies de estamentos onde os iguais se buscam. De certa maneira, reproduz-se lá os padrões de classe social do Brasil.

Em termos de idade, os emigrantes brasileiros situam-se na faixa dos 18 aos 35 anos. Há, por incrível que pareça, um número proporcional de mulheres e homens. Seria um erro pensar que emigração é um processo dominantemente masculino. Ainda que sejam encontradas muitas famílias, boa parte do processo emigratório é solitário, isto é, de pessoas que pelo menos iniciaram a viagem sozinhas.

BELLINO
Como caracterizar o fluxo emigratório brasileiro para os Estados Unidos?

MEIHY
Retomando a fim de proceder a uma síntese, vale lembrar que um processo emigratório clássico se dá pela saída/chegada de levas de pessoas oriunda de um país ao outro segundo um programa definido. A continuidade e o projeto de mudança são articulados, conhecidos e revelados. O controle é parte inerente dessas situações. No caso dos brasileiros nos Estados Unidos, contudo, há variações graves:

1. Não temos um fluxo contínuo ou linear.
2. Não há um projeto coletivo de mudanças.
3. As viagens dependem de arranjos pessoais ou com um mínimo de institucionalização.
4. São raríssimos os pedidos oficiais de emigração e mesmo quando existem são poucos os que conseguem sucesso nos consulados e embaixadas.
5. Como não se define por que sai, não há condição de saber para que tipo de trabalho vão.
6. Como iniciativa pessoal, muitas vezes se estabelece o que é chamado de "puxa-puxa", ou em termos sociológicos "redes sociais". Um vai, se estabelece e depois atrai outros.
7. Como não há projetos coletivos, faltam instituições que abriguem e amparem os brasileiros nos Estados Unidos. Ainda que surjam grupos espontâneos de apoio, não há grandes causas comuns.

BELLINO
Mas há como dizer que temos uma identidade nacional brasileira no exterior? Isso é possível?

MEIHY
Conseqüência natural da ausência de sentido coletivo explícito, o problema de identidade cultural no exterior se complica. Há esforços, mas ainda

muito insipientes de no máximo efeitos locais. Aliás, neste sentido, nota-se em Boston e Miami algumas atitudes bastante louváveis. Mas a regra é bem diferente e muito pouco tem sido feito em termos amplos, nacionais. Uma das soluções para o problema é o trabalho para o estabelecimento de um calendário cíclico, em que alguns valores nacionais são recondicionados. Em particular fala-se do "dia do Brasil", sempre calibrado próximo ao 7 de setembro, no final de semana anterior ou imediatamente posterior. Este é o grande momento em que se reformulam os pressupostos da brasilidade dos emigrantes. O ritual exageradamente nacionalista – com bandeiras, comidas típicas, músicas regionais – é prática comum para quantos em suas individualidades buscam o coletivo. Não há outra data que abrigue tanto os dilemas da emigração. Nem o Carnaval ou o Natal.

BELLINO
Seria possível dar alguns números oficiais para se ter uma idéia da realidade brasileira emigrante dos brasileiros em geral e em particular nos Estados Unidos?

MEIHY
Os números oficiais são sempre imprecisos. De toda forma surpreendem sempre. Mesmo os totais registrados por órgãos do governo chegam a espantar. Convém acompanhar a evolução pelo seguinte quadro:

	1996	2000	2001	2003
1. Estados Unidos	580.196	799.203	894.256	713.067
2. Paraguai	350.000	454.501	369.839	310.000
3. Japão	262.944	224.970	262.510	269.256
4. Europa	135.591	197.430	332.164	291.816
5. América do Sul	49.444	37.915	91.649	111.705

Um dos pontos mais dramáticos da emigração brasileira para os Estados Unidos é, sem dúvida, a deportação. Chega a ser impressionante o crescimento de pessoas que são enviadas de volta ao próprio país e, de acordo com os números de 2006, temos o seguinte resultado:

1º México	1.073.468
2º Honduras	23.843
3º El Salvador	16.726
4º Guatemala	10.819
5º Brasil	8.616
6º Nicarágua	1.380

A presença do Brasil neste quadro é crescente, o que mostra a insistência de brasileiros no projeto de mudança.

BELLINO

Eu gostaria de ressaltar um aspecto fundamental nesta história. É importante ver os brasileiros que saem como heróis anônimos, como pessoas que buscam no mundo moderno oportunidades para uma virada na própria vida. Outra marca dos brasileiros é o permanente vínculo com o Brasil. Como vê este comportamento?

MEIHY

Eu mesmo sempre achei e defendi que "lugar de brasileiro é no Brasil". Minha posição é até radical, mas desde que comecei a analisar o comportamento emigratório e principalmente depois de ouvir mais de setecentas histórias pessoais, acabei assumindo uma postura mais flexível. Não tenho dúvida hoje de que os brasileiros que moram no exterior podem ser considerados heróis anônimos, um grupo audaz e disposto a enfrentar dilemas da movimentação geral do mundo globalizado.

O que caracteriza o brasileiro emigrante, de um modo geral, é que ele não deixa de ser brasileiro e mantém vínculos preciosos com o Brasil. Suas famílias são mantidas e com isto se constrói um padrão emigratório original, rico e com nítidos retornos para o país. Isto é algo que não pode ser rebaixado nem desconsiderado como peso na economia nacional. O que é desabonador, em regra, é a forma de tratamento dada a essa gente. Se enquadrarmos os brasileiros no trânsito geral dos emigrantes, o que temos é um fator coerente com o fluxo geral. Nada de excepcional. O que é preciso fazer é valorizar essa gente e perceber neste grupo que se formula uma experiência moderna e vibrante.

BELLINO

Então pode-se dizer que as motivações migratórias podem ser por:

1. Questões materiais, econômicas, mas não exclusivamente por elas.
2. Fatores subjetivos, quase nunca revelados, também atuam.
3. Preceitos legais regem uma movimentação que é dinâmica e que tende a crescer a despeito dos xenofobismos.
4. Tudo deve ser explicado pela natureza da globalização.
5. O emigrante é responsável pelo envio de divisas ao país, fator que corrobora para tornar ainda mais complexo o exame e o impacto dessa movimentação.
6. Há uma cultura emigratória e a assumimos com reservas na medida das características específicas do emigrante brasileiro para os Estados Unidos.
7. Seja pelos números supostos ou pelos oficiais, a emigração brasileira, como outras latino-americanas, é um fato irreversível.

MEIHY

A HISTÓRIA DE WESLEY

Hospedado em um hotel em Miami, cansado de um dia de trabalho, resolvi pedir comida no quarto. O pessoal do atendimento do hotel foi solícito em indicar uma pizzaria e em poucos minutos lá estava Wesley em minha porta. Pela aparência podia ser um cubano, jamaicano ou mesmo um norte-americano. Informado na portaria de que eu era brasileiro, ele foi me saudando em português em um sonoro *"fala Brasil"*. Em alguns minutos estabelecemos os diálogos suficientes para alimentar a possibilidade de uma entrevista que aconteceu no dia seguinte. Marcamos nos jardins da Universidade de Miami um encontro que sempre me faz lembrar das especificidades do trato com processos emigratórios. Assim, Wesley se descreveu: *"Nasci pobre na favela com a vista mais bonita do mundo: Pavão-Pavãozinho. Não tem lugar mais lindo, de um lado Copacabana de outro Ipanema. A beleza do lugar é igual ao perigo: drogas, marginalidade e falta de opção."* Com pais evangélicos, o então menino vivia outro extremo, da

> "Nasci pobre na favela com a vista mais bonita do mundo: Pavão-pavãozinho. Não tem lugar mais lindo, de um lado Copacabana de outro Ipanema. A beleza do lugar é igual ao perigo: drogas, marginalidade e falta de opção."
> WESLEY

severidade em casa à malandragem na rua. Como os pais trabalhavam muito, era na favela que ele passava solto grande parte do dia. Preocupados, os pais trataram de fazer matrícula nas escolinhas sustentadas por várias ONGs. Assim aprendeu um pouco de informática, fez teatro, mas o que mais adiantou foram as aulas de inglês. Wesley foi ótimo aluno e os professores ficaram surpresos com o progresso do menino e até o indicaram para trabalhar em hotéis. Wesley logo aceitou o emprego e de carregador de malas a porteiro da noite foi um pulo. Ao mesmo tempo que tinha este lado de bom menino, filho de crentes, Wesley também recebia influências negativas. E tudo piorava à medida que ganhava algum dinheirinho. *"As drogas logo apareceram em minha vida, mas no começo era coisa leve e conseguia disfarçar bem, viver os dois lados do Wesley, o bonzinho e o mauzinho."* Aconteceu de um dia o rapaz se envolver em um problema sério. Um hóspede estrangeiro pediu droga e ele se dispôs a subir o morro com o gringo. Foi o que bastou, pois os policiais os pegaram e Wesley *"pagou o pato"*. Não só perdeu o emprego, mas ficou marcado na comunidade. E a família entrou em desespero. Sem preparo e desprevenidos para enfrentar a situação, o menino foi expulso de casa. Nessa situação, Wesley entrou para o tráfico, virou "vapor". A distância da família o fez cada dia se sentir pior. Irmãos e parentes obedeciam aos pais que o viam *"como o demo"*. Foi alguém da escolinha de inglês que lhe estendeu a mão. Uma senhora ofereceu a oportunidade dele sair daquele meio e ensinar inglês em outra comunidade, longe dali. Wesley teve que se mudar do Rio, foi para a Baixada e em Duque de Caxias começou uma nova vida. *"Foi um 'trampo' danado"*, declarou o moço. *"Tive ajuda de boas pessoas"* e *"consegui me livrar dos amigos, paguei uma dívida que tinha com o pessoal do tráfico, comecei um outro trabalho. Como não dava mais para voltar para minha família e para o morro, imediatamente comecei a pensar em vir para cá."* Foi um projeto complicado porque *"sendo negro e pobre, sem comprovação de rendimentos, como ia conseguir visto?"* De todo jeito, foi juntando dinheiro e arranjou, finalmente, um emprego em uma agência de turismo. Trabalhando como guia, Wesley conheceu várias pessoas, inclusive uma família de Miami que *"vinha sempre para cá, todo verão"* e se dispôs a ajudá-lo caso chegasse lá. Isto ajudou muito. Com o dinheiro economizado, do sul da Flórida, a família se responsabilizou pelo rapaz e agilizou a ida dele para um curso no Miami Dade Community College. Ao chegar, conseguiu ampliar o visto e mais tarde se casou. Há nove anos em Miami ele trabalha como mecânico durante o dia e à noite faz entrega de pizza. Wesley refez os laços familiares e hoje é respeitado. Comprou uma casa para os pais e vive com a mulher, uma cubana, e dois filhos em Miami.

Bellino

A história de Wesley é daquelas que emocionam. Com tudo para dar errado, menino de favela carioca, ele conseguiu virar o jogo da vida. As oportunidades dadas por entidades filantrópicas ecoaram na vida do rapaz. Quando os extremos se fizeram desafios, o lado mau o arrastou para as drogas mas o rigor familiar o favoreceu como exemplo. No fundo Wesley venceu por si. Foi sua dedicação e empenho que o fizeram retornar a uma situação favorável. Impressiona a capacidade de discernimento dele. Ao decidir juntar o que tinha de melhor, os atributos de domínio da língua, elaborou um plano e foi construindo caminhos para conseguir. Hoje com família constituída em Miami, Wesley é uma história de sucesso.

E AGORA?

- Você tem consciência do número de brasileiros que vivem nos Estados Unidos?
- Considera importante a ajuda aos demais emigrantes ou acha que cada um deve viver por si?
- Quais os pólos de identidade e participação na vida comunitária dos brasileiros de sua área?
- É tarefa do governo cuidar dos brasileiros fora do Brasil?

PARA PENSAR

*"Sou mesmo é brasileira. Para mim o Paraíso é o Brasil.
Estou aqui, estou bem, mas quero voltar riquinha."*

ALBERTA SALINAS, MANICURE, 28 ANOS,
TRÊS CORAÇÕES, MG

"Vim dos morros cariocas, de onde a vida tem um bonito cenário e um futuro arriscado. Tinha tudo para não dar certo se ficasse lá. Tomei coragem e me arrisquei. Sinto falta da vida do Rio, mas acho que ainda tenho muito o que aprender."

WESLEY DA SILVA RAMOS,
30 ANOS, ENTREGADOR

∞

"Dei o nome de Américo para o meu filho que nasceu aqui. Resolvi assim porque acho que no futuro todos seremos americanos e não mais brasileiros, norte-americanos ou mexicanos. Americanos só."

JAILSON MOLINARI DE ALMEIDA,
32 ANOS, ARARAQUARA, SP

PALAVRAS FINAIS

SER BRASILEIRO FORA DO BRASIL É POSSÍVEL?

BELLINO e MEIHY

Há opiniões diversas. Uns dizem que sim, que é possível continuar brasileiro fora do Brasil. Pode-se, neste caso, até propor um desdobramento; por que não seria? Continuar brasileiro em pátria diferente, no entanto, não é apenas uma questão de opção pessoal. Há uma cultura histórica que serve de cenário a cada um e que impõe continuidade. Somos um país que sempre se gabou por receber emigrantes e romper com isto seria quebrar uma tradição complicada. Dado o fato de sermos celebrados como ponto de reunião de raças e inclusive vivermos sem muita crítica o mito da *democracia racial*, fugir desta tradição implica de certa forma trair o ideal do país afável, bom, generoso, receptor de quantos o escolhem. Existe também um fator pessoal que nos torna ligados à *"pátria, mãe gentil"*, nossos laços familiares e afetivos, o apego aos padrões do que se convencionou chamar cultura brasileira. A vivência da idealização do Brasil funciona como uma sombra inseparável das andanças de brasileiros que deixam o país. Em nível pessoal, as tradições da cultura nacional não são abandonadas e não é sem sentido que a palavra "saudade" é uma constante na bagagem psicológica dos nossos evadidos. Não há como negar que a "nostalgia" é marca dos nossos patrícios fora de suas terras. Então, é possível manter-se brasileiro fora do Brasil, mas, mais do que tudo, isso exige que se assuma uma temporalidade medida fora do país. O senso do provisório, efêmero, temporário é um dos fatores mais constantes da experiência "brasuca". "Dar um tempo" é um jeito brasileiro de continuar a brasilidade. A conseqüência imediata disto é o repertório de lembranças e comprometimento com as coisas deixadas para trás. O interessante é que ao se referirem a parentes e amigos, mesmo aos brasileiros em geral, a referência genérica é "nós".

Há também os que acham que não, que é impossível continuar sendo brasileiro fora do Brasil. Mesmo sendo ínfima a linhagem de quantos defendem a negação da experiência de brasilidade, vale supor quais os elementos que animam tal justificativa. Antes, porém, cabe lembrar que a negação da vivência da cultura nacional alhures não significa seu apagamento definitivo. Os vínculos preexistem e persistem sempre, mas nesse caso valoriza-se mais do que a adesão aos padrões hospedeiros, a substituição de substratos culturais trazidos. E nesse caso não há negociação ou troca de valores. Os raros brasileiros que negam sua tradição cultural, porém, se referem aos demais e aos que ficaram no solo pátrio como "eles". Uma intricada relação se estabelece entre o "eles" e o "eu". Os tipos que se negam à continuidade do ser brasileiro deixam de freqüentar meios patrícios, desprezam a língua portuguesa, cortam relações imediatas com a colônia de outros emigrantes nacionais e buscam adesão irrestrita com a sociedade local.

Para alguns, o "pode ser" também é uma resposta cabível. A dependência pode ser temporal, relativa ao meio em que se insere ou funcional. No primeiro caso, às vezes, está sujeita ao tempo que a pessoa se encontra nos Estados Unidos e ainda não estabeleceu laços consistentes com o grupo hospedeiro. Nessas circunstâncias preside um saudosismo que os liga aos demais patrícios. Se houver uma boa reintegração com os demais brasileiros, a dependência tende a ser trocada pela "brasuquidade". Há situações em que o meio explica a dependência; este é o caso, por exemplo, daqueles que mesmo querendo aderir aos padrões norte-americanos acabam reassumindo os valores culturais de origem. Contudo, estes mesmos, quando estão expostos ao meio menos brasileiro, acabam por deixar-se permear pela cultura hospedeira. Relativismos à parte, porém, tais tipos sabem muito bem escolher a hora de ser uma coisa ou outra. A conjuntura funcional é mais sutil e é atinente ao meio de trabalho. Porque muitas vezes os brasileiros nos Estados Unidos trabalham em instituições norte-americanas, obrigatoriamente são investidos do dever de assumir a cultura da entidade. Uma coisa, porém, é certa: os vínculos com o Brasil são mantidos. Aliás, a dependência é marcada exatamente por esta característica, pois é o Brasil e do Brasil que se organizarão as dependências.

De toda forma, mais do que discutir opiniões, vale considerar os fatos irreversíveis que podem ser sintetizados nos seguintes:

1. A história da humanidade é a mesma da emigração.
2. Os condicionantes de cada época são fundamentais para o entendimento dos porquês.
3. Emigra-se em busca de realizações que revertam a insatisfação.
4. O motivo moderno mais comum para justificar a emigração é a busca de trabalho, mas há muitos casos em que atuam pressões políticas, religiosas e de orientação sexual.
5. Além de ser uma questão geral, os chamados "esquemas regionais" atuam de maneira a fazer com que os "vizinhos" sejam sujeitos a maior atração.
6. Na América Latina, dada a presença no mesmo continente dos Estados Unidos, a força econômica e a cultura exercem fascínio e acabam por ser determinantes na opção dos emigrantes.
7. Mesmo com leis restritivas e com a mediação de instituições internacionais, a emigração é um fato irreversível e dinâmico.
8. Torna-se necessário atualizar os critérios conceituais sobre emigração e diferenciá-los de outros anteriores.
9. O respeito pelos novos emigrantes precisa ser liberto de preconceitos.
10. O envio de divisas de fora, em particular no caso de países da América Latina, é de fundamental ajuda e isto também é relevante para a consideração da nova face do mundo.

PARA PENSAR

"Cem mil brasileiros emigram por ano."
CARLOS OLIVEIRA

"Emigrantes legais e ilegais vivendo nos Estados Unidos enviarão cerca de US$30 bilhões neste ano aos países da América Latina, segundo estudo inédito do BID (Banco Interamericano de Desenvolvimento). Até o final de 2004, quase 20% desse total terá como destino o Brasil. Nos últimos três anos, os brasileiros dobraram o volume de remessas de dinheiro a seus familiares. O montante passou de US$2,6 bilhões em 2001 para US$5,2 bilhões no ano passado. As remessas ao Brasil em 2003 equivalem à metade de todos os investimentos estrangeiros diretos recebidos oficialmente pelo país no ano passado."
FERNANDO CANZIAN

∞

"Mesmo não amados e indesejados pelas populações dos países ricos, os migrantes são, acima de tudo, necessários. Geram muitas riquezas para os seus países de origem mas também para a pátria que os acolhe. Segundo as cifras norte-americanas, no ano 2003, os emigrantes latino-americanos nos Estados Unidos remeteram para seus países de origem mais de 30 bilhões de dólares. Para nós, isso é muito. Para os Estados Unidos, representa apenas 6,6% da riqueza que estes migrantes produziram para seus patrões. Estes norte-americanos que continuam a olhar os migrantes com maus olhos ganharam com a exploração do trabalho destes estrangeiros pobres a soma de 450 bilhões de dólares em um ano. Este montante representa o

3º PIB das Américas, inferior apenas ao do Brasil e México e deixando de lado, é claro, as economias do Canadá e dos Estados Unidos. No âmbito da microeconomia familiar, a média do que cada família latino-americana recebe de membros que estão nos Estados Unidos chega a 200 dólares por mês. Por isso, é difícil convencer um brasileiro pobre, formado na escola das telenovelas e ganhando o salário mínimo de 260 reais, que a esperança de sua vida não está em migrar para os Estados Unidos ou para algum país da Europa. Pelos dólares a mais que podem ganhar, aceitam acordar cada dia com medo de serem deportados ou presos, não se incomodam de saber que, muitas vezes, sofrerão humilhações e serão tratados como se pertencessem a uma subumanidade e não tivessem os mesmos sentimentos e necessidades de qualquer ser humano."

MARCELO BARROS

"Por que um Fórum Social das Migrações? Há muitas razões para isto. Basta citarmos alguns dados para termos uma idéia do que significa o fenômeno migratório mundial. Há no mundo mais de 175 milhões de migrantes, e em 1990 eram 90 milhões. Só os refugiados são mais de 16 milhões. Mesmo sendo indesejados pelas populações dos países ricos, acima de tudo, são necessários e geram muitas riquezas não só para os países de destino, mas também para o de origem. Se considerarmos o volume de recursos financeiros que enviam para os seus países, nos daremos conta não somente da dimensão do fenômeno migratório, mas em especial da pertinência de realização de um Fórum Social sobre as migrações."

WWW.MIGRAÇÕES.COM.BR/ARTIGOS.
PASTORAL DO IMIGRANTE

PARTE II

CAPÍTULO 6

UMA HISTÓRIA PARA RICARDO BELLINO

MEIHY
Você pode explicar melhor o significado da experiência que se inicia envolvendo os brasileiros que estão fora do Brasil? Trata-se de mais um negócio, de um empreendimento empresarial ou há outros aspectos implicados nessa história? Como você se (re)apresentaria à comunidade brasileira que vive fora do Brasil e aos seus pares?

BELLINO
É sempre difícil falar de si mesmo, diria até que é muito arriscado, mas tudo fica mais fácil quando temos o que contar e o conteúdo da conversa é assunto que, de alguma forma, abrange o interesse comum, envolve outras pessoas e mexe com o bem-estar de vários grupos. E me sinto um contador de histórias, das minhas e de outras envolvendo pessoas que acreditam que os sonhos podem virar realidade. E como tenho casos para contar! Ao longo da vida já dei muitas entrevistas, contei minha trajetória, inclusive escrevi bastante sobre minhas atividades de empreendedor. Agora, porém, estou em um momento especial, maduro, articulado, e meus negócios ganham um caráter mais amplo de empreendimento com implicações sociais. O atual projeto, de empresários brasileiros para os Estados Unidos, não é apenas um negócio entre empresas e empresários, pois mais do que um empreendimento financeiro envolve um públi-

> "Creio que este não é apenas mais um projeto. Este é, diria, 'o' projeto."

co especial, os brasileiros que estão fora do país. Trata-se, portanto, de um grupo de pessoas em luta pela própria realização e que por isso projeta sonhos, propósitos e esperanças em um futuro. Creio que este não é apenas mais um projeto. Este é, diria, "o" projeto.

De toda forma, como qualquer apresentação começa pela identidade, devo dizer que meu nome é Ricardo Bellino e tenho 42 anos. Sou um empresário responsável por várias propostas conhecidas e, vendo-as em conjunto, acho que não seria falta de modéstia dizer que gozo de respeitabilidade e que tenho boa projeção internacional. Como quero deixar um perfil mais humanizado sobre mim e sobre o tipo de trabalho que desenvolvo, devo dizer que estou casado há 13 anos e tenho duas filhas: uma de 14 anos e outra que vai completar 4. Moro em Itatiba, interior de São Paulo, mas estou de mudança para os Estados Unidos. Key Biscayne em Miami é o meu destino. Vou para acompanhar meu atual projeto e tomei essa decisão porque acho que é importante estar lá, com a família e vivenciar diretamente o desenvolvimento dessa aventura fantástica. Gosto de ficar colado nos acontecimentos, e não poderia ser de outra forma porque vivo intensamente cada detalhe do que acontece em meus empreendimentos.

> "É importante que a família participe do desenvolvimento desse empreendimento."

Tenho experiência de morar fora com a família, pois houve uma ocasião em que passei um tempo na Argentina. Depois que voltamos de Buenos Aires, ficamos um pouco mais no Brasil e em 1999 fomos para os Estados Unidos. Fomos e voltamos. Agora vai ser uma jornada mais complexa pois minha filha mais velha é adolescente e não é tão simples mudar com a família constituída, mas isto também é parte da movimentação e serve para medir alguns dos problemas de brasileiros que vivem fora. Mais do que isso, porém, é importante que a família participe do desenvolvimento dessa empresa. Toda esta questão de família é importante, pois levo em conta que, mesmo partindo, o emigrante deixa uma história sempre inacabada e carrega uma carga emocional de memória e compromissos. Sobretudo ele vai, mas deixa muito de suas relações no Brasil e não há como desvencilhar de projetos futuros.

Meihy

Como você entrou nessa história de trabalho com a emigração brasileira? Há antecedentes disso ou é mera invenção, nova e espontânea?

BELLINO

É preciso aceitar que ao falarmos de brasileiros fora do Brasil estejamos sim pensando em um processo emigratório, em um fluxo que já possui uma cultura própria e modos de vida específicos. Corridos tantos anos desde a intensificação do fluxo emigratório, hoje as questões da transitoriedade vão perdendo força. A emigração de brasileiros para os Estados Unidos e demais países é uma realidade inquestionável, doa a quem doer. O que nos falta conceber é que isso não é incompatível com a modernidade. Pelo contrário, emigrar hoje é mais natural do que antes. E por isso precisamos renovar a visão da emigração, pois não se trata mais do mesmo procedimento dos nossos antepassados. Ainda que seja de emigração que falamos, de um eterno movimento de saída em busca de melhores condições em sociedades diferentes, temos que dinamizar o conceito e ver que sim, que se trata de emigração, mas não é a mesma coisa.

> "É preciso aceitar que ao falarmos de brasileiros fora do Brasil estejamos sim pensando em um processo emigratório, em um fluxo que já possui uma cultura própria e modos de vida específicos."

Isso tudo tem a ver com a minha história pessoal, sim. A figura central de minha família, por exemplo, foi meu avô, português de origem que chegou pobre e se tornou empresário de sucesso com uma fábrica de tecidos em Petrópolis. Aprendi com ele o que significa ter um propósito de vida e qual o papel do emigrante na sociedade que o recebe. Hoje me sinto brasileiro identificado com nossa sociedade, mas aberto para ver o mundo por novas perspectivas. Os meios de transporte aliviaram a fatalidade da emigração. Há outras belezas nos desafios atuais. Isto me parece fundamental para construir um projeto em que a experiência da emigração e os dramas de quem vive em outra sociedade se manifestam de maneira a despertar o lado heróico de cada um. Portanto, não é justo pensar que meus avós foram heróicos e que os atuais brasileiros que saem não o são. Pelo contrário, é o ângulo positivo da aventura emigratória que me interessa. Logicamente não deixo de reconhecer os dramas, dilemas, conflitos e as dores de deixar entes queridos, mas quero dar ênfase à aventura moderna da emigração no mundo globalizado. A emigração de hoje, porém, tem que ser explicada no contexto da globalização e das conseqüências do mundo moderno. O emigrante atual não é apenas mais um infeliz, alguém que foge da fome ou miséria e que consegue virar o jogo. Sou daqueles que acreditam que o emigrante é um empreendedor moderno empenhado em transformar o próprio mundo com os mecanismos que a vida oferece. Há algo de heróico nisto, e este é o tratamento que pretendo dar aos que se envolverem neste projeto.

Devo dizer, portanto, que os projetos que faço hoje são conseqüência de fatores ligados a minha experiência familiar e de pessoa atenta ao mundo de negócios e que vem avançando nas relações internacionais. Mas há dois novos fatores nisto. Antes, trabalhei com empresas e campanhas "de fora para dentro". Agora, porém, pretendo levar o Brasil para outros espaços internacionais. E, além disso, há um conteúdo social nesta investida. Isto é relevante para que se quebre a aparência de que se trata apenas de um projeto pessoal ou só lucrativo, de um negócio no sentido ruim da palavra, de questões que envolvem dinheiro, aplicações de capital e só. Não é bem assim: ainda que o conceito de empreendimento seja parte integral da proposta, há muito de social nisto.

> "E, além disso, há um conteúdo social nesta investida."

Meihy

E por que este livro? O que ele tem a ver com sua experiência e com este projeto?

Bellino

A explicação de como cheguei ao atual projeto é a razão deste livro e isto faz com que busque no meu passado as ligações, os elos que justificam este meu presente e a filosofia que me guia. O livro, portanto, é uma bússola ou um mapa e difere dos demais porque é escrito junto com o projeto, não depois. Isto ajuda a compreender o conceito deste empreendimento como proposta que nasce se fundamentando. Se tivesse que classificar este livro diria que ele se comporta nas propostas de auto-reflexão empreendedora. A tentativa de agregar conhecimentos históricos, histórias de pessoas e sugestões é mais do que identificar problemas, é um jeito de reconhecer o papel dos brasileiros e do Brasil no mundo atual.

> "O livro, portanto, é uma bússola ou um mapa e difere dos demais porque é escrito junto com o projeto, não depois."

Meihy

Como você entrou nessa história de trabalho com a emigração brasileira?

BELLINO

Como tudo tem uma história, acredito que para entender o que faço hoje é necessário recuar no tempo. Desde pequeno aprendi que a vida acontece na prática e nossas tendências são desenvolvidas a partir da infância. Se tivesse que escolher um primeiro fato para mostrar a minha vocação de empreendedor diria que ocorreu quando tinha de oito para nove anos. Então, eu ficava na portaria do meu prédio, no Rio de Janeiro, em Ipanema, montava uma espécie de banquinha em que vendia gibis e revistinhas para amigos e pessoas que passavam. Era uma iniciativa espontânea minha, de garotinho, e o fazia mais pelo prazer do negócio, pela sensação de oferecer o produto, vender, ver a alegria do comprador. Era isso o que me motivava: cobrar um valor mínimo pelo produto e ver o contentamento de quem adquiria. Sempre tive esse tipo de iniciativa, esse ímpeto. Sabe, gosto muito de lembrar disso.

> "Desde pequeno aprendi que a vida acontece na prática e nossas tendências são desenvolvidas a partir da infância."

Tem um fato que também me agrada recordar porque revela bastante do meu jeito de ser. Uma vez, em Itacuruçá, tinha um barco encalhado no meio da praia, era uma velha nau abandonada e ninguém dava nada por ela. Resolvi que deveria comprá-la, reformá-la e tentar transformá-la em algo atraente, quem sabe para fazer um quiosque, bar, lanchonete, sei lá... Enquanto todos viam naquele barco uma velharia, uma coisa feia e acabada, um entrave que não servia para mais nada, eu via um negócio em potencial, via a possibilidade de reabilitar um produto desprezado. Acho que este conceito – de transformar coisas que não têm função em algo que pode ser uma atração – é um dos desafios que me atraem desde menino. Gosto muito de transformar o que parece perdido em um bem.

> "Era isso o que me motivava: cobrar um valor mínimo pelo produto e ver o contentamento de quem adquiria."

MEIHY

Você sempre teve jeito para negócios, desde a infância?

BELLINO

Pensar positivo e pensar grande: acredito que esse é um diferencial na minha trajetória, na minha vida. Gosto muito de emplacar projetos, por isso sou um empreendedor. Aprendi a pensar que a vida, como os negócios, se monta como um

> "Gosto muito de emplacar projetos, por isso sou empreendedor."

"castelo de cartas" desses que brincamos quando somos criança. Costumava imaginar uma base de cartas umas apoiando as outras, e as demais sendo delicadamente colocadas e, devagar, ver o castelo crescendo. E tudo sob os meus olhos atentos e vigilantes. O "castelo" crescendo, crescendo, como devem avançar as ações de um projeto: em equilíbrio, calculadas uma a uma para que pudessem gerar um resultado. Sempre procurei exercitar minhas iniciativas, encaixando o que planejava dentro de algum movimento maior, de utilidade geral, em algum nicho de mercado e assim criar uma oportunidade de negócios.

Cresci com esta atitude que acabou por ser parte da minha personalidade. Foi assim, por exemplo, na escola, quando vi que meus amigos ganhavam de presente – ou traziam de suas viagens de férias no exterior – certos equipamentos: videocassetes e videogames, principalmente os Atari, enorme sucesso entre a molecada de classe média. Pois bem, todos compravam mas, de início, não sabiam que não eram compatíveis com os padrões eletrônicos nacionais brasileiros. Na verdade, era preciso transcodificá-los para poder funcionar aqui, adaptados aos nossos televisores. O sistema usado fora quase sempre era o NTSC e aqui tínhamos o Pal-M. Havia firmas autorizadas, especializadas em fazer essas alterações, mas poucas pessoas as conheciam ou se davam ao trabalho de procurá-las, levar os aparelhos e esperar o conserto. Então, me encarreguei das "mediações" e transformei as idas-e-vindas às oficinas, sempre de ônibus, em um bom negócio. Essa história aconteceu assim: acabei fazendo um acordo com o proprietário de uma dessas lojas, ofereci meus serviços para os meus colegas da escola e então levava os aparelhos até a oficina, cobrava comissão e devolvia-os prontinhos para o uso, ganhava um dinheirinho e daí fazia poupança. Devo lembrar que, garoto ainda, não tinha onde aplicar aquele recurso em um negócio maior, então era mesmo só para guardar, fazer uma poupança, mas lembre-se de que naquela época tínhamos uma inflação absurda; então, para o dinheiro render mais, trocava o meu recurso em dólares e assim tinha um capitalzinho em dólares. É engraçado lembrar, mas meu tino comercial fez com que imprimisse meu primeiro cartão de visitas que não correspondia a um simples impulso de vaidade. Não. Era já um jeito de multiplicar o negócio, de fazer divulgação da minha primeira marca, a *Videosund*. Tinha então 14 anos. Além de fazer um dinheirinho, os negócios me davam satisfação por proporcionar aos "clientes" certa alegria ao ver seus problemas solucionados. Sempre penso nisto, considero o fato de um bom negócio, idealmente, ter que ser algo que traga resultado positivo para todos.

MEIHY
O que chama a atenção é o senso de oportunidade. Você se transformou desde cedo em uma pessoa atenta às oportunidades, não?

BELLINO
Sim, é verdade. Depois surgiu uma nova situação, uma chance para me envolver em negócios de montar festas. Foram iniciativas interessantes, porque há um tempo alugava equipamentos e freqüentava festas. Como tinha aquele dinheirinho guardado, comecei a investir em produtos como aparelhos de som, discos, iluminação, decoração, enfim, equipamentos necessários para montar uma festinha familiar. Logo me tornei um organizador, um promotor desses eventos. O lance, o que inaugurou esta fase, foi uma festa em minha própria escola, o GIMK, no Leblon. Havia uma comemoração anual que sempre terminava com um bailinho. Naquele ano específico, a Rita Lee tinha lançado a música *Lança-perfume* que se tornou o maior sucesso e estourou em todas as paradas. A fim de promover a estrutura do meu som, resolvi juntar à proposta uma camiseta estampada com um lança-perfume e com a marca da "empresa". Vendemos logo tudo e ainda tivemos

> "Logo me tornei um organizador, um promotor desses eventos."

que fazer mais. Precisei ampliar o negócio e para isto chamei um colega, o Arthur Setti. O sucesso foi grande e chegamos a ponto de fazer várias festas ao mesmo tempo e em diferentes lugares. Como não tínhamos carro nem idade para tanto, era de ônibus que transportávamos tudo. Hoje até acho graça, mas levávamos discos de uma festa para outra para que conseguíssemos manter a atualidade. Fazíamos isto porque não dava para comprar em duplicata. Acredito que essa foi a primeira estrutura mais efetiva em que me envolvi. Como logo me tornei conhecido no meio, precisei montar uma dessas equipes de som mais completas, contratar pessoas. Foi assim que, aos poucos, fui aprendendo a repartir responsabilidades e a conviver em parcerias. Tive alguns bons parceiros, uns passaram mais depressa que outros, mas entre tantos houve um deles que ficou e até hoje somos sócios. Trata-se do Samuel Goldstein.

Devido à sociedade com Samuel, agregamos um fator aos negócios: a venda de camisetas "customizadas". Foi estratégica essa alternativa, pois as camisetas serviam como ingresso às festas e ao mesmo tempo ganhávamos mais um dinheirinho com a confecção. Íamos ficando famosos com essa prática que hoje é comum em vários lugares. O sucesso desse empreendimento exigiu que fôssemos aprendendo a ampliar as atividades, procurar fornecedores, negociar preços, arrumar local para estocar. E foi assim que percebemos que havia no conjunto de nossas atividades uma bela oportunidade de negócios compostos, de reunião de vários produtos. A partir do uso da camiseta como elemento da festa que fazíamos todo ano na escola, fomos diversificando e assim construíamos situações de desafios maiores. Nessa seqüência, por exemplo, veio outro negócio mais importante que consistiu em fazer um lote de camisetas para o "Comitê das Diretas Já" aproveitando o momento da campanha para a redemocratização do país. Procuramos os organizadores, fizemos uma proposta, discutimos preços, prazos. Vendemos para o "Comitê" uma boa quantidade de camisetas, e assim ficava provado que esse negócio era promissor e que tinha um grande potencial. Resolvemos investir mais ainda, e com mais intensidade. A criação era parte da nossa proposta, e foi assim que bolamos o slogan "INDIRETA-MENTE". Foi um sucesso de público ainda que tivéssemos problemas com o Comitê, que criou dificuldade de pagamento, mas até isto foi uma lição.

> "E foi assim que percebemos que havia no conjunto de nossas atividades uma bela oportunidade de negócios compostos, de reunião de vários produtos."

Meihy

Os acontecimentos se sucederam como se fossem naturais? Você não os procurava.

Bellino

As coisas iam acontecendo numa mistura de oportunidade e busca. Partia sempre de um evento, de algo concreto. Foi assim que, no mesmo embalo, compramos um equipamento que estampava camiseta em cores e tivemos a idéia de fazer uma camiseta comemorativa da "Fórmula 1" que vinha para o Rio de Janeiro, em Jacarepaguá. Então, produzimos a camiseta e fomos, nós mesmos, vender no autódromo. Essa etapa merece atenção porque fazíamos a linha completa, da produção até a venda. Fazíamos tudo, de comprar as camisetas, bolar as estampas, acompanhar cada passo da confecção, colocar o produto no mercado, ou seja, na mão do consumidor. Executávamos tudo. Portanto, fomos até ambulantes, camelôs mesmo.

> "Mas diria que todos esses projetos funcionaram como uma espécie de pré-história ou rascunho do que viria mais tarde."

Trabalhamos muito e íamos aprendendo o significado de cada etapa da produção. Com mais detalhes a coisa funcionava assim: contratamos um mestre de arte, produzimos o desenho, fomos atrás de produtos como tinta, compramos em consignação as camisetas no centro da cidade, imprimimos um volume que achamos que íamos vender, guardamos de reserva outras camisetas em branco e depois de tudo pronto fomos para o estacionamento do autódromo. Tenho o maior orgulho em dizer que éramos camelôs, ambulantes, mas licenciados pela Prefeitura, com tudo legalizado, inclusive fizemos o credenciamento normal para não ter nenhum problema na comercialização das camisetas. Mas diria que todos esses projetos funcionaram como uma espécie de pré-história ou rascunho do que viria mais tarde. Sabe o que mais? Foi assim que aprendemos a detalhar uma operação, a racionalizar a execução e a colocar o produto no mercado.

Meihy

Há alguma coisa do tipo "lição de vida" ou auto-ajuda empresarial em seu relato?

Bellino

Não falo em "lições de vida" exatamente nem de auto-ajuda no sentido tradicional, não. Não tenho nada contra, pelo contrário, mas minha proposta é outra. O que me parece fundamental é lembrar que o exemplo e a reflexão compartida dão dimensões à solidariedade e a vontade de que todos caminhem para a frente. É incrível como as coisas acontecem se deixarmos espaços para o progresso pessoal. Basta ligar uma coisa à outra, saber que mais do improvisar a vida é um desdobramento de ações que se juntam para dar forma a um desenho que corresponde às nossas realidades. Quando avalio minhas iniciativas com as camisetas vejo que, mais tarde, tanto em relação à moda quanto ao uso das camisetas, tive desdobramentos. Meus grandes empreendimentos, que vie-

> "Não falo em 'lições de vida' exatamente nem de auto-ajuda no sentido tradicional, não."

ram depois, tanto foram em moda como mexeram com as tais camisetas. Isto chega a ser surpreendente! Uma boa lição de tudo isto é que se aprende a organizar e distinguir o que é bom e o que não dá certo. Também podemos aprender a nos ver em relação aos outros e entender nossas qualidades como empreendedores.

MEIHY
Mas você não teve fracassos?

BELLINO
Vendo minha vida em uma perspectiva consigo entender como cheguei até aqui e respeito muito minha trajetória. Gosto da minha história. É por isto que me considero um bom contador de histórias: tenho exemplos, detalhes a revelar, segredos e dicas a dar. Das festinhas da escola às camisetas e às vendas no autódromo foi um salto depois do outro, todos crescentes. Houve também muita dedicação e muito cuidado para que as coisas dessem certo. Acho que as idéias brotam, viram estímulos e tudo que temos que fazer é dar direção às ações, mas para isto é preciso cálculo, disciplina e determinação. Diria sem medo de errar que respeitar a própria intuição e, depois de planejadas as etapas, dar estrada para suas realizações é um gesto de reflexão e de continuidade. E é importante se respeitar, saber que lutamos para a realização de sonhos que nos levam à frente. Às vezes as idéias não nascem grandes e então é preciso alimentá-las. Em outras ocasiões as idéias nascem gigantescas, então, é preciso domá-las. Avaliar as idéias e colocá-las em sua dimensão exata é uma arte e um exercício. Tudo deve ser feito de acordo com o planejamento de etapas. Sempre que tenho uma idéia promissora, dou asa a ela e depois de um tempo escrevo, detalho no papel as situações possíveis a fim de começar a ver que mais que idéias, é importante que elas se transformem em ações. De que adianta sonhar se não materializamos nossos projetos?

> "Sempre que tenho uma idéia promissora, dou asa a ela e depois de um tempo escrevo, detalho no papel as situações possíveis."

Tive vários episódios interessantes em minha vida de negócios. Todos foram conseqüentes e juntos formam uma corrente de elos que se comunicam de alguma forma. É preciso dizer que experimentei muitos reveses, tive fracassos, mas com eles também se aprende. Costumo dizer que os erros podem ser uma aula de pedagogia quando sabemos superá-los. São âncoras, porém, quando não os resolvemos. Até mesmo os erros nunca me assustaram. Pelo contrário, ao reconhecê-los, ao aceitá-los, humildemente, fazia um exame de consciência e tentava buscar uma saída que me impulsionasse.

Meihy
Houve algum momento de corte, algum evento que marcou um antes e um depois?

Bellino
Sim, é claro. Há um momento em que deixamos de ser experimentalistas e temos que nos profissionalizar. O meu primeiro grande empreendimento se deu com o projeto da *Elite Models*. Gosto de contar esta história e toda vez que faço isto me vêm detalhes novos que enriquecem a visão geral dos meus empreendimentos. Quando estava com uns 21 anos, fui convidado por um conhecido, proprietário de uma indústria de cosméticos, o Guilherme Guimarães, já estilista consagrado, para ser gerente de marketing de sua empresa. Nesse cargo, uma das minhas iniciativas seria patrocinar um concurso de modelos. A partir desse concurso, o evento deveria se desdobrar em um baile de carnaval, o *Baile das Panteras*, no Rio de Janeiro, que era promovido pelo Ricardo Amaral. E foi nesse período que acabei tomando conhecimento da história da *Elite* e do concurso *The look of the year*. Eu diria que mesmo não entendendo muito sobre moda, pois tudo o que conhecia estava vinculado àquela experiência com as camisetas, vivia no meio desse mercado e, então, não tinha como não absorver as coisas que esse mundo oferecia.

Devo dizer que foi nesse período que conheci Luiza Brunet, e fiquei sabendo um pouco melhor de detalhes daquele meio, da condição de modelo no Brasil. Tudo era ainda muito amadorístico, pouco profissional mas promissor. É importante lembrar que foi por esse período que se abria um mercado novo para a moda e a indústria têxtil florescia. Nesse contexto, o uso das modelos se tornava expressivo como apelo de divulgação. Foi nesse ambiente que o empresário Humberto Saad lançou no Brasil o conceito de *Top-model* e a Luiza Brunet foi contratada exclusiva durante muitos anos. Talvez a primeira grande campanha publicitária feita por uma modelo brasileira tenha sido a foto da Luiza posando de *topless*, sentada na garupa de uma supermoto, vestindo

> "Tudo era ainda muito amadorístico, pouco profissional mas promissor."

jeans metalizado *stretch*, lançado em São Paulo pela Dijon. Esta foto, aliás, é importante para se entender a história da carreira de modelo no Brasil. Luiza fotografou em Paris, Nova York e foi um sucesso absoluto no mundo todo. Naquela época, ela era o que a Gisele Bündchen é hoje; ninguém podia com ela. A Luiza é do grupo da Xuxa, de uma geração que marcou para sempre a imagem da mulher/modelo brasileira. Tudo corria bem no relacionamento da moda, empresário e modelo até que houve o rompimento dela com a Dijon. A questão foi séria e disso resultaram boatos, muito desentendimento e mágoa, porque foram feitas coisas que aparentemente poderiam ser conduzidas de outra forma se houvesse alguma formalidade legal e tradição profissional na área. Os desacertos apareceram em público e isso me chamou a atenção. Conheci Luiza pessoalmente em decorrência de um projeto, um *Baile da Luiza Brunet*, e nesse processo, conversando com ela, tomei conhecimento de detalhes da complicação que ela havia atravessado. Sobretudo, faltavam parâmetros profissionais o que era uma loucura, pois no Brasil o mercado surgiu antes dos agentes motivadores da moda.

Meihy
Você sempre fala de acasos em sua vida. Afinal, eles existiram mesmo?

Bellino
Eu não saberia contar minha história sem a palavra "acaso". Ela é sempre muito forte e posso dizer que há situações que se explicam por forças estranhas. Veja só esta passagem: enquanto acontecia o episódio da Luiza Brunet, circunstancialmente, no retorno de uma viagem a Angra dos Reis onde patrocinávamos um concurso de modelos da marca que representava, fui à casa de um amigo e, distraidamente, peguei uma revista, um número da *Photo*, e li um artigo que afinal me levou à história da *Elite*. O artigo era em francês, mas dava para entender o conceito embutido e a proposta. Nosso instinto é engraçado quando a gente quer saber das coisas; eu pouco entendi do texto, mas pela riqueza das imagens percebi o que aquilo representava ou poderia representar, e então em um segundo percebi que se acendia uma luz e que ali havia um negócio. Minha cabeça andava atenta aos possíveis negócios, e nesse processo, coincidentemente, eu cursava Economia e Administração na Universidade Gama Filho e o professor havia proposto um projeto sobre um empreendimento. Juntei tudo e parti para a formulação de uma proposta. De

tal maneira investi no plano que deixei a escola e executei o projeto. E com ele marquei minha maturidade empresarial.

> "Juntei tudo e parti para a formulação de uma proposta."

É curioso, comigo as coisas têm acontecido muito por meio da leitura de artigos de revistas ou livros e o mágico disso é que não tenho o hábito de ler, não sou um leitor compulsivo, mas sempre encontro nas leituras ocasionais as inspirações para minhas idéias; impressionante! Devo dizer que tenho aprendido que as coisas estão dispostas por aí, e é preciso que saibamos como achá-las. O grande problema é que muitas vezes a vida oferece oportunidade mas nós não captamos seus sinais, suas mensagens. Nessa matéria da *Photo* havia a reprodução de um pôster que as agências lançavam para divulgar suas modelos junto aos *castings* de propaganda. E esse era um pôster que trazia a marca da agência e uma foto com os rostos dessas meninas, constando também de dados pessoais, peso, altura, pé, cintura, essas coisas. E, para minha salvação, nessa foto vinham os dados de endereço, telefone e telex do John Casablancas, em Nova York. Passei uma noite em total ebulição criativa, em transe, fato que acontece em todas as minhas iniciativas: fico ansioso, inquieto, entre amargurado e esperançoso. Tal era minha excitação que precisava dar um jeito de pôr para fora tudo aquilo. Foi o que fiz.

Meihy

A investida era mesmo arrojada, mas ela indicava uma tendência em sua vida, um motivo para trabalhos com empresas de fora do Brasil?

Bellino

Àquela altura não tinha noção de muita coisa. Era clara a minha determinação, mas não sabia em que daria a aventura. Na minha inocência, imagine, escrevi uma carta a ser encaminhada para ninguém mais, ninguém menos que Mr. John Casablancas. Na carta contava minha história, falava do meu interesse e apresentava a minha visão do que seria um negócio desses no Brasil. Escrevi a carta à noite, durante o meu tal processo de excitação. Escrevi em português mesmo, pois não queria perder detalhe nenhum e não tinha inglês suficiente para isso. No dia seguinte pedi para um amigo meu traduzir, fui a uma copiadora para ampliar aquela foto a fim de que pudesse registrar os dados, e dali extrair o número do telex. Mandei a primeira carta e nada de resposta. Como estava decidido, mandei um segundo e depois um terceiro telex – que era o meio mais moderno para se comunicar naquele tempo – e finalmente a secretária dele acusou o recebimento dizendo que na volta de uma viagem ele daria um retorno. Será que alguém consegue imaginar a alegria disso?! Imagine, para um moço inexperiente, de repente, saber que havia a possibilidade de John Casablancas responder a um projeto seu! Era o máximo... É desnecessário dizer que comecei a lastimar a fuga das aulas de inglês, mas não seria pela carência de conhecimento da língua que deixaria de viajar. Aliás, ficava claro para mim que teria que superar muitos outros problemas, a começar pelo custo da viagem. Foi uma loucura, mas logo compreendi que não bastava a carta, seria importante que eu, pessoalmente, expusesse meu plano. Houve uma coincidência importante, pois o irmão de John, Fernando, me propunha uma reunião a fim de apresentar minhas idéias e ele as dele.

"Aliás, ficava claro para mim que teria que superar muitos outros problemas."

Tudo que sabia é que minha chance estava aberta. Isto bastou para que resolvesse, determinadamente, ir para Nova York. Com a certeza disso, passei aos problemas "menores", ou seja: arranjar passagens, dinheiro, acertar os documentos etc. Outra vez aconteceu uma coincidência, aliás, uma não, duas: a primeira foi ler na revista *Veja* que a DHL oferecia passagens para jovens universitários que se habilitassem a fazer as entregas; a segunda é que o prazo de estadia era de uma ou duas semanas e – imagine – em Nova York. Como era solicitado, me habilitei, fiz os preparativos todos e fui.

Os encontros se repetiram e chegamos, finalmente, a um impasse: eles queriam vender uma franquia e eu pretendia abrir uma filial da agência. Outros fatores atuaram no meio da negociação e finalmente consegui fazer o negócio como queria, do meu jeito. E comecei a trabalhar com o John Casablancas na *Elite* e posso dizer que fui muito bem-sucedido, em todos os sentidos. Cresci profissionalmente e realizei grandes negócios fortalecendo ainda mais a *Elite* e o "império" de John Casablancas, que também se tornou um bom amigo e companheiro de outras empreitadas.

Meihy

Parece que você sempre esteve aberto a novas experiências, não é? De tudo que você experimenta fica sempre um rastro que leva a outro projeto, certo?

Bellino

Quando terminou o ciclo na *Elite*, fui convidado por um grande amigo para o que seria o segundo grande salto da minha vida empresarial. Devo isso ao Nélson Alvarenga, proprietário da *Ellus Jeans,* que se tornou meu patrocinador e depois meu sócio financeiro. A proposta era para trabalhar em sua empresa. Nelson queria que eu fizesse uma carreira de forma a ser seu sucessor na empresa. Ele achava que como tive a capacidade de "vender" vários projetos loucos, se tivesse essa mesma energia para promover o negócio de roupa, ele teria arrumado o melhor sócio do mundo, e, do meu lado, segundo ele, teria arrumado um negócio consistente para a minha vida. Isso acabou resultando num desastre sem proporções, pois para mim foi um caos me ver enjaulado, preso a uma única firma e entre quatro paredes, numa burocracia com a qual não me identificava. Esse negócio de trabalhar em escritório não tem nada a ver comigo. Realmente não sou uma pessoa de carteira assinada, sem nenhum preconceito, mas viver naquela redoma administrativa não era o meu sonho de consumo. Devemos sempre, sempre, fazer com que nossos sonhos sejam a nossa imagem e semelhança, e aquele decididamente nem era o meu sonho nem tinha a minha cara.

No final de alguns meses de trabalho na *Ellus*, pedi o meu desligamento da organização e outra vez estava no mercado. Aconteceu que fui convidado, por um franqueado da *Ellus*, para montar uma agência de propaganda. Conversei com essa pessoa, Roberto Figueiredo, de Vitória, sobre um plano e vi que ele não tinha condições de se lançar sem um projeto concreto, em um negócio assim meio louco, arrojado demais como seria montar uma agência de propaganda em São Paulo. Já naquela época era lá que estavam os maiores publicitários da América do Sul, alguns dos melhores do mundo, e seria muito, muito complicado, começar com uma concorrência tão acirrada. Foi quando tive uma idéia: falei para ele montar essa agência com características especiais, mas para isso tinha que ter uma "passagem", alguma história, uma situação ou caso emblemático que justificasse o empreendimento.

> "Devemos sempre, sempre, fazer com que nossos sonhos sejam a nossa imagem e semelhança."

Aconteceu por essa época o casamento de John Casablancas com uma brasileira, Aline, com quem, aliás, está casado até hoje e tem três filhos. Esse evento social, a festa do casamento, ganhou um destaque absurdo no mundo todo, inclusive, no Brasil apareceu no "Fantástico", em capas de revistas e jornais. Foi quando percebi que poderia aproveitar algo disso no meu novo projeto. Examinando minha trajetória, notei que no caso brasileiro, eu tinha construído muito mais do que a marca da *Elite*, a "marca" John Casablancas. Junto com o sucesso da *Elite*, projetei também John como um tipo meio playboy, um cara bem-sucedido como Hugh Hefner, fundador da revista *Playboy*. Aquele universo de homem *bon vivant*, aproveitador das coisas finas e boas da vida, de uma pessoa que tem sua imagem cercada de mulheres lindas, glamouroso e bem realizado nos negócios, poderia render. Minha idéia então foi captar esse imaginário e adequá-lo às circunstâncias brasileiras. Convenci o Roberto que ia fazer um plano de licenciamento com a marca John Casablancas e críamos a *John Casablancas Leasing*, tendo o Casablancas como sócio, eu como principal acionista e o Roberto como acionista financeiro.

Meihy

Então, um negócio levava ao outro e assim você ia integrando pessoas, projetos... Isto virou uma característica sua, correto?

Bellino

É por isto que costumo dizer que, quando namoramos a idéia certa, ela também nos namora e se dá certo pode sair casamento.

De certa forma sim, mas não diria que tivesse plena consciência disso. Feito o plano, criamos uma série de iniciativas entre elas transformar o John em colunista da *Revista da Folha de S.Paulo*. Isto também foi um acontecimento em que inclusive o falecido Frias recebeu John com a pompa de colunista internacional importante.

"Ah! Os acasos da vida! Acasos? Será?"

Acabamos licenciando esse conteúdo para outros jornais do Brasil, para estabelecer uma plataforma de freqüência de leitura e promover junto com o lado pitoresco do mundo, onde esse tipo de homem vive, alguns canais de venda de produtos. Bom, passaram-se alguns meses, mas os resultados não apareceram e o negócio então não se consolidou. A decisão foi acabar com o projeto, deliberação triste que ninguém gosta de tomar: encerrar as atividades, com todo o ônus emocional do fracasso de uma iniciativa. O Roberto veio de Vitória para decidir o que íamos fazer com o encerramento: aluguel de imóvel, fechamento de firma, demissão dos funcionários. Mas como ele confiava em mim, neste mesmo dia, me chamou para ir morar em Vitória e trabalhar na agência dele, já que tínhamos uma relação quase de irmãos. Aceitei a proposta. Junto com minha mulher, enquanto arrumávamos as malas para mudar para Vitória, meio por acaso – Ah! Os acasos em minha vida! Acasos? Será? – caiu-me às mãos um fax, um envelope da *Elite* de Nova York, com um *clipping* de uma campanha que havia acabado de ser lançada com uma camiseta – "Ah! As camisetas em minha vida" – com um símbolo azul, em círculos como alvo, muito atraente. Parei tudo que estava fazendo, li aquilo e achei aquele conceito fantástico. E como não prestar a atenção em uma coleção de modelos maravilhosas envolvidas em uma causa nobre, o combate ao câncer de mama? Ato contínuo, liguei para a secretária do Casablancas perguntando se ela poderia me enviar mais informações sobre aquilo. Em alguns minutos tinha tudo em mãos.

Era outra vez o acaso que me perseguia. É por isto que costumo dizer que, quando namoramos a idéia certa, ela também nos namora e se dá certo pode sair casamento. Com o material em mãos, com um *press-release* em punho, imediatamente pensei que aquela era a minha virada. Peguei o material e resolvi que o momento não era para irmos para Vitória. E decretei: vamos fazer a Campanha de Combate ao Câncer de Mama no Brasil. A resposta do Roberto foi favorável, mas ele me ligou dizendo que tínhamos nas mãos um projeto de alguns milhões de dólares e que precisaríamos de planejamento para consolidar o negócio. Tudo aconteceu e passados poucos meses tínhamos vários milhões de dólares. Foi realmente um projeto muito bem-sucedido.

Meihy

Mas qual foi sua primeira inserção no mundo dos negócios com fundo social?

Bellino

Foi na Campanha de Combate ao Câncer de Mama. Esta campanha, diga-se, foi um êxito total sob todos os pontos de vista. E era uma campanha que tinha como fundamento uma ação filantrópica da maior importância. Essa marca social, depois dessa experiência, se tornou clara em quase todas as minhas iniciativas. Repito sempre que gosto de envolver pessoas em meus sonhos. É lógico que fiz mais alguns projetos puramente voltados ao lucro empresarial, mas não há como negar que desde então comecei a me preocupar com o vínculo entre as causas sociais e os fundamentos dos negócios. No caso específico da camiseta da Campanha de Combate ao Câncer de Mama, era uma ação em que a pessoa comprava um produto disposto num varejo de primeira linha, com um *peg* que era um recibo, onde era mostrado o valor da doação. E tudo auditado pela Ernst & Young. Fiz a campanha pessoalmente e tiramos no Brasil duas vezes e meio mais do que nos Estados Unidos, em sua primeira edição. A campanha nasceu lá, em 1994, e fiz aqui no Brasil em 1995. A campanha foi realmente uma sensação, que acabou se tornando um modelo e foi franqueada para dez países. Porém, começou a ocorrer um desgaste.

> "Essa marca social, depois dessa experiência, se tornou clara em quase todas as minhas iniciativas."

Há um lado do mundo empresarial que nunca é abordado, ou seja, os ecos pessoais dos empreendimentos. Os promotores de campanhas quase sempre indicam seus sucessos, as estratégias de implementação, mas nunca, nunca, mostram o que acontece em sua vida particular depois de cada investida. Sinceramente, tive duas preocupações depois da Campanha de Combate ao Câncer de Mama: uma era que não acreditava ser possível repetir todo aquele sucesso, achei que ele era pontual, um negócio único; e a segunda era que começava a se espalhar um boato que tudo não passava de um negócio, que o resultado era somente lucro. Ocorreu que comecei a ouvir boatos que me mostravam como mercenário, uma pessoa que tirava proveito de uma doença grave. Considerei que isso seria a minha morte profissional e decidi não continuar. Então cedi ao Hospital do Câncer de São Paulo a concessão, a licença para que levassem a campanha a cabo, e eles conduziram tudo perfeitamente.

Tive uma satisfação tremenda de ter assistido o sucesso permanente dessa iniciativa, porque fui o responsável por trazê-la para o Brasil. A idéia inicial, a implementação, a condução foi minha e por causa dela tive a oportunidade de estar com o Ralph Lauren, com o Oscar de la Renta e com dona Ruth Cardoso quando estive no Itamaraty para o lançamento da campanha. Isto tudo me deu um prazer imenso, não só pelo reconhecimento, mas pela confirmação do meu faro em reconhecer coisas inéditas que, no dia seguinte, parecem óbvias aos olhos de todos. É preciso ter um quê de louco para apostar nesses projetos. E tenho essa loucura, felizmente.

> "É preciso ter um quê de louco para apostar nesses projetos."

Meihy

Mas como você planeja sua vida, seus negócios e projetos, como nascem suas idéias?

Bellino

Fiz uma palestra, certa vez, em Pernambuco, para uma indústria farmacêutica, e quando cheguei ao hotel para fazer o *check-in* encontrei alguns painéis, ilustrações daquelas histórias de cordel e havia um, bem na minha frente, que parecia estar falando comigo. O título era *"O Contador de Mentiras..."* Adorei aquilo, porque na minha vida há uma constante: sempre fui classificado como louco e até mentiroso, pois as minhas idéias e os resultados dos empreendimentos parecem impossíveis, se assemelham a casos de mentirosos que gostam de contar vantagens. E como gosto de fazer piada de mim mesmo, passei a colocar nas minhas palestras aquela gravura de *"O Contador de Mentiras"*: é um sujeito sentado num banquinho, pessoas em volta dele ouvindo. Colocando-me no lugar desse sujeito, se me sentasse num banquinho e dissesse todas as minhas histórias sem mostrar exemplo, números, fatos e provas, todos me chamariam de mentiroso. Acho isto um bom estímulo para falar sobre a verdade.

Tenho um amigo muito querido, o João Carlos Martins, pianista famoso e hoje maestro, um cara que pode provar o que é superação, pois, pianista, teve um problema na mão e nem por isto renunciou à paixão pela música, pelo contrário, virou regente. Ele me disse uma vez que "a *verdade é sempre a melhor mentira*", e sigo isso, gosto de provocar com esses estímulos: de me apresentar como um contador de mentiras e provar o contrário. Quero escrever um livro de crônicas, contar histórias que as pessoas vão dizer que são falsas, que não há como serem verdadeiras, mas que são. Esse é um paradigma muito interessante, gosto dessa provocação. Vejo-me motivado a fazer coisas inacreditáveis, incríveis.

> "Vejo-me motivado a fazer coisas inacreditáveis, incríveis."

Meihy

Sua criatividade é fruto de concentração, como é seu processo criativo? Como você dá forma aos impulsos de empreendimentos?

Bellino

Sou completamente desordenado, meu processo de criação é baseado na intuição, não tem nada muito acadêmico ou científico. Às vezes decorre de leituras – muitas vezes, aliás – outras enquanto ouço uma música ou quando tomo banho. Não há um cenário, um lugar definido, uma situação. Ainda na época da *Elite*, tinha todo um grupo de advogados que me assessorava porque, afinal, comandava um negócio de uma dimensão enorme. E aí o meu advogado que era o professor-diretor da Mackenzie, de Direito, falou que eu interagia tão bem na construção dos contratos que devia pensar em fazer o curso de Direito. E tanto que ele me falou, falou, falou que acabei resolvendo fazer a faculdade de Direito. Prestei vestibular na FAAP e passei, comecei a fazer mas em dois meses abandonei o curso por causa de outro projeto. Realmente não tenho jeito para esse negócio de ir para a escola, não tem possibilidade, não tem mesmo. Gosto de idéias, de pensar e fazer; de disciplinar os sonhos, de forma a materializá-los. Sabe, não conseguiria viver de outra forma.

O meu processo de criação é, portanto, bem desordenado, não tem direção na nascente, mas se a idéia é boa, vai se encaixando uma coisa na outra, é como se fosse um quebra-cabeça que fosse sintonizando, esperando as peças se articularem. Não uso nenhum sistema, nenhuma teoria, até porque não tenho nenhuma doutrina que me guie. Valho-me mesmo da boa e velha intuição. Intuição é uma palavra chave para mim. E tem uma coisa interessante, que o John Casablancas me falou um dia: *Bellino, você não faz projetos, você escreve roteiros*. Roteiros, sim, acho que sou autor de roteiros. A verdade é que meus projetos começam a virar planos por meio da redação de uma sinopse, de uma história, dentro de um cenário virtual mas com base em coisas reais. São pressupostos, projeções que idealizo e a cada idéia nova sempre escrevo um *press release*, um roteiro mesmo. O momento de criação e definição de meu novo negócio se materializa no texto que faço. Sempre penso no fim, onde quero chegar e depois vou fazendo a estrada. Divirto-me muito no percurso porque antes projeto o fim, e, então quando chego na conclusão acabou o meu interesse. O percurso é que me diverte nessa história toda. Penso cada projeto como um jogo e como sou lúdico gosto de jogar, vou apostando no próximo passo e assim chego ao final.

> "Meu processo de criação tem base na intuição."

Meihy
Mas deve ser muito desgastante viver dessa forma, não?

Bellino
Gosto muito de misturar tensão e alegria, a tensão é necessária no mundo dos negócios e a alegria também. Tensão e alegria são elementos fundamentais para minha vida. Tensão criativa. Alegria existencial. Não consigo viver se não estiver alegre, encantado com aquilo que está me dando a motivação e com aquilo que mexe com os que estão próximos de mim. Fico feliz quando contagio o próximo. Se tenho alguma virtude é saber escutar opiniões, selecionar o que interessa e deixar o resto de lado. Gosto de encarar meus próprios defeitos, não tenho medo e por isso consegui aprender que a felicidade é um estado "não permanente", oscila, tem altos e baixos. A vida é isso, não existe uma coisa simples, não existe um estado perene de felicidade ou de alegria. É por isto que temos que estar sempre nos renovando e pensando no futuro com os pés no presente.

> "Não consigo viver se não estiver alegre."

Meihy
Houve, entre um projeto e outro, uma descontinuidade em sua vida então?

Bellino
Depois do projeto do câncer de mama, tive uma outra iniciativa que terminou muito mal. Era um projeto que tinha como alvo transformar a marca *Elite* em marca de roupas. Fui convidado a conhecer o projeto na Europa, um projeto belíssimo, maravilhoso, mas a implementação no Brasil foi um desastre. De início, no lançamento, a proposta era espetacular. E o John Casablancas me convidou para aplicá-lo entre nós. A proposta era lançar a *Elite* no Brasil, como marca de roupas e acessórios. Seria uma campanha em massa e em seis meses abri dez lojas nos principais *shoppings* do país. O Casablancas não era um investidor tradicional nesse negócio e o projeto implicava buscar um sócio do ramo. Elegemos mal, entramos em litígio e o negócio foi por água abaixo. É preciso sempre reconhecer o erro, fazer dele usina capaz de gerar energia nova, senão ele nos paralisa, nos derrota.

Um dos recursos que sempre uso a cada insucesso é um exame profundo dos equívocos. Penso muito no que não deu certo, mas faço isto para dispensar depois e não fazer uma ladainha de lamúrias. E vendo tudo que se passava entre a questão do mundo da moda me veio outra idéia. Então, depois desse projeto fracassado, tive a idéia de lançar a primeira modelo virtual do mundo. Isso se deu exatamente na passagem de 1999 para 2000. Essa foi uma coisa de louco, uma história digna de filme e gosto muito dela.

A idéia surgiu quando estava pensando em como é que podia aproveitar todo o *recall* daquele relacionamento com a *Elite*, com o John Casablancas. Acontecia naquele momento um fenômeno interessante que a imprensa chamava de *"virtualização de Hollywood"*. Essa prática era baseada na adaptação de filmes em computação gráfica. O mais emblemático desses produtos, na época, foi o "Toy Story" e assim veio-me à cabeça a idéia de criar as modelos perfeitas, juntar todos os elementos, fazer um quase Frankstein pelo avesso, um Frankstein da beleza, e lançar a primeira modelo virtual do mundo. Tudo era mesmo muito cinematográfico, muito cinema de ficção. Bolei uma situação assim: a história se daria em um cenário bastante artificial, mas que poderia existir, como o do Nasdack da internet. Seria um mundo mágico, cheio de possibilidades de realização dos desejos de consumo. Liguei para o John Casablancas, que sempre foi muito solícito com todas as minhas iniciativas, e ele gostou da idéia, me motivou, e então comecei a tocar o projeto.

> "Seria um mundo mágico, cheio de possibilidades de realização dos desejos de consumo."

Comecei a procurar opções e encontrei uma empresa no Brasil que é especialista em computação gráfica, chama-se Vetor Zero. É uma firma bem estruturada que produz, por exemplo, as vinhetas da Globo e os maiores comerciais do Brasil. Por intermédio de um amigo que é sócio dessa firma tive uma reunião com a equipe, contei a história do projeto e ele achou incrível. Fiz meu ritual de preparação, como sempre, e redigi uma espécie de roteiro. A história que tinha escrito no *press-release*, tinha o John Casablancas, o maior empresário, mestre das mais conceituadas manequins do mundo, anunciando a criação de uma "modelo ideal", uma mulher dos sonhos, criada por *chips* e *bytes* e não por cromossomos humanos. Só que ele fez uma ressalva, alertando que não seria tão rápido e automático como eu estava pensando. Alegava que demoraria algum tempo para produzir alguma coisa que correspondesse à qualidade que as pessoas esperavam, de um anúncio de uma modelo do calibre da *Elite*. A perfeição do projeto demandava também a criação de portifólio cujo melhor especialista era uma pessoa de Kuala Lumpur, na Malásia, referência nesse assunto para eles.

Ele me mandou o link, entrei no site desse pessoal e quando examinei a produção do sujeito, adorei e resolvi não perder tempo e mandar um e-mail para

> "Nunca deixei de prestar atenção nos negócios daqui."

ele. Duas semanas depois tínhamos um acordo firmado com ele, e no dia 13 de julho de 1999 anunciamos o projeto para o mundo. Sucesso absoluto. Absoluto! E tal foi o alcance da coisa que chegou a matéria na ABC News, *Wall Street Journal*, *The New York Times*, *Time*; circulei em publicações da indústria de Hollywood, passei pela Digital Domaine que, aliás, acabava de lançar o *Titanic*; na Tokyo, uma das maiores empresas de videogames; na Playstation. Enfim, era convidado de honra desses órgãos de notícias porque tinha conseguido um feito inédito: transformar aqueles personagens virtuais, que eram commodities, bonecos, em celebridade instantânea, com valor agregado. Esse projeto me levou a morar nos Estados Unidos, mas sempre antenado com o que acontece no Brasil. Nunca deixei de prestar atenção nos negócios daqui.

Meihy

O amadurecimento de seus projetos corresponde a um controle maior do que acontecia no mundo? Você pode ser considerado uma ponte entre a ampla visão do mundo e a oportunidade no Brasil? Fale um pouco sobre o "Feliciano Brasileiro".

Bellino

É difícil responder a esta questão com um "sim" ou "não". Sou um cidadão do mundo. No caso específico, o tal valor agregado dos meus personagens foi percebido pela Nokia no Brasil que a "contratou". A proposta era aproveitar esse personagem que inventei para estrelar uma campanha que lançava no Brasil: o primeiro celular com Brownser, com internet. Mais sucesso! Repetia-se a mesma prática: páginas inteiras em todos os jornais do país: *Folha de S. Paulo*, *O Globo*, *Jornal do Brasil*, eram páginas e páginas seqüenciais anunciando algo assim: "*internauta, tem um celular para você*", e abriam-se as propagandas com minha modelo virtual segurando um celular da Nokia.

O sucesso foi tanto que fui abordado pelo Bradesco, que me fez uma "proposta indecente", botou alguns milhões de dólares em minhas mãos para que eu pudesse desenvolver um projeto de criar uma atendente virtual para os caixas ele-

> "Não me assustei e nem me afobei, soube esperar."

trônicos. Infelizmente, na contramão do que aconteceu na internet, isso não se consolidou porque teria de mudar todo o parque eletrônico deles, o que era praticamente impossível, mas me pagaram muito bem, o que me permitiu sobreviver até um outro ciclo. Depois disso voltei para o Brasil completamente frustrado, na busca de encontrar uma outra solução, um outro projeto. E lembrei que tinha assistido nos Estados Unidos um fenômeno de marketing que foi a campanha de um candidato virtual à presidência, chamado *Duck 2000*, um negócio bárbaro, um candidato virtual dando entrevista "ao vivo" nos principais programas como o "Larry King Show". Era mesmo uma coisa fantástica. Com base nesse sucesso, decidi criar um candidato virtual à presidência da república e, imagine, entrar na campanha presidencial. Contudo, naquele exato momento a idéia não era aplicável porque não estávamos ainda no momento oportuno, não tínhamos eleição presidencial à vista. Não me assustei e nem me afobei, soube esperar. Passam-se seis meses, conversei com meu amigo Wellington Amaral e criei, com aquele mesmo cara de Kuala Lumpur, um personagem que nasceu inspirado na leitura do livro do Duda Mendonça, um candidato chamado "Feliciano Brasileiro", cujo tema de campanha era coração brasileiro e o distintivo era o coração pulsando. O Feliciano agora é recriado para mostrar outro projeto, mas sempre na mesma lógica: "ser feliz e brasileiro".

Felizmente foi um sucesso, dei entrevistas como o porta-voz do candidato virtual para o Paulo Henrique Amorim, na Cultura, com animações criadas pelo Wellington, respondendo as perguntas dele. Repeti sessões de entrevistas no "Jô Soares", na Bandeirantes, no SBT, todos os programas possíveis. Tive como grande plataforma de apoio a agência Estado de São Paulo, fui a Brasília no CNI, Conselho Nacional da Indústria, e estava sentado na mesa ao lado do Anthony Garotinho, da Roseana Sarney, do Lula, do Ciro Gomes, com o "meu" candidato virtual apresentando um programa de governo, que foi escrito pelo Gilberto Dimenstein, sobre educação, e pelo Stephan Kantiz, sobre economia. É uma sensação indescritível ser porta-voz de um candidato virtual, dando entrevista ao vivo e em uma campanha tão importante como a presidencial. Mas era uma conversa de maluco. Tudo isso prova que um conceito, quando bem vendido, transcende qualquer coisa. E isso me permitiu continuar sobrevivendo até outro ciclo, o próximo capítulo da minha vida.

Meihy

A esta altura você estava mergulhado nos "grandes negócios", tinha bons conhecimentos na área empresarial, e qual foi seu próximo feito?

Bellino

Repito: sou do tipo que não pensa só no escritório ou no ambiente de trabalho. Não. Meu caso é outro e acho que cada qual deve reconhecer seu espaço ideal de criação. Foi assim com o projeto seguinte, nasceu de um episódio ocorrido em minha casa. Um dia, meu vizinho, padrinho de casamento, perguntou se eu podia intermediar a venda de um terreno em Itatiba. Ele precisava vender e sugeriu que eu o oferecesse ao Casablancas. Minha primeira reação foi negativa, pois não tenho vocação para corretor de imóveis e expressei isto a ele. Mas ali, na conversa, começamos a falar sobre o Donald Trump e os licenciamentos dele para projetos internacionais de grande envergadura. Foi o que bastou. Minha cabeça ferveu e me enchi de idéias que podem ser resumidas na decisão de fazer o primeiro projeto com a assinatura do Donald Trump no Brasil. Foi assim que concebi o que depois viria a ser o "Villa Trump", em Itatiba, São Paulo, com investimentos em cerca de 40 milhões de reais. A proposta seria fazer uma espécie de clube destinado a pessoas de alto padrão aquisitivo. Trata-se de propor no Brasil algo imaginado como ideal de laser: um espaço de entretenimento e vida social com o que há de melhor: quadra de tênis, spa, hotel de luxo e campo de golfe planejado por Jack Nicklaus, o maior jogador de golfe da atualidade. Preparei tudo, coloquei detalhes no papel e fui para os Estados Unidos apresentar a proposta. A surpresa foi que Trump me deu apenas três minutos – três modestos minutos – para vender a idéia. Mas foi o suficiente. E nem adiantou ele estar de mau humor naquele dia, pois minha empolgação era tamanha que passado o tempo previsto, decorrido os parcos três minutos, ele me pediu para que discutisse detalhes da proposta com seus assessores. O resultado é que me tornei o primeiro parceiro comercial brasileiro de Donald Trump. Meu segredo foi sempre o mesmo: trabalhei muito, preparei-me para o encontro e quando chegou a hora vi que tinha resolvido as dúvidas mudando todas para certezas e tinha respostas para tudo. Feito o negócio, vendi minha participação para sócios brasileiros. Antes, porém, fui, como sempre, outra vez, chamado de maluco, mas como não preciso de aprovação para nada, pelo contrário, tinha a certeza que era esse o projeto que desejava fazer e fiz...

> "Costumo dizer que sou um insistente compulsivo."

MEIHY
Mas você conseguia controlar tudo sozinho? Você sabe delegar?

BELLINO
Para esse projeto com o Trump, convidei meu antigo sócio do tempo de adolescência, o Samuel Goldstein, para me ajudar. Essa parceria visava estruturar o plano todo, desde sua concepção, redação, etapas e até a me ajudar a encontrar uma forma de viabilizar o projeto, de levantar os recursos, porque essa é a especialidade dele. Com essa pauta, nós nos reencontramos profissionalmente e então, formatar o negócio com o Trump, fazer o trabalho de "passar o chapéu" e buscar os recursos para efetivamente viabilizar o projeto, tudo, aconteceu sem atropelos. Viabilizamos o projeto, mas em 2005, vivemos um grande conflito com nossos outros sócios e isso nos fez recolher para evitar confrontos. Vendi minha parte e restava partir para outra.

Em função desse episódio com o Donald Trump, meu nome apareceu com destaque na mídia internacional e fui capa do caderno de negócios do *The New York Times* que lançou o seguinte editorial: *"Ricardo R. Bellino, a young Brazilian entrepreneur, walked into Donald Trump's office in Manhattan and parlayed a three-minute meeting into a luxury resort"*. Tratei de escrever um livro que em português recebeu o nome de *"Três minutos para o sucesso"*, publicado pela Campus/Elsevier. Todo esse "barulho" despertou o interesse de outra editora, a americana McGraw, uma das maiores do mundo, que me convidou para lançar, em inglês, meu livro agora com o título, *"You Have Three Minutes"*. Assinei contrato em 2005 e o lançamento aconteceu em 2006 nos Estados Unidos. Em 2006 eles anunciaram com destaque esse livro no catálogo deles. A McGraw tem um catálogo especial em que coloca todos os lançamentos importantes e aconteceu que o meu editor, da Editora Campus/Elsevier, ligou da Feira do Livro em Frankfurt, dizendo que o meu livro ocupava uma página dupla no catálogo que só é reservado para as grandes promessas de livro. Ter duas páginas para o lançamento de um livro é ocupar 5% do catálogo. Eles normalmente colocam seis livros numa página; quando o livro é melhor, três numa página; depois em duas, depois em uma. Quando o livro é colocado em duas páginas é promessa de boas vendas, e entre os *publishers* dos países que formam a rede da McGraw, acabou provocando

> "O livro foi lançado em setembro numa grande festa na Trump Tower, com o Donald Trump presente."

uma euforia. Nesta mesma feira já tinham sido assinados nove contratos e mesmo antes de ser publicado o livro já tinha contrato com as maiores editoras do Japão, da Rússia, da Espanha, da Indonésia, da Tailândia, enfim um grande sucesso.

O livro foi lançado em setembro numa grande festa na Trump Tower, com o Donald Trump presente. Aliás, foi ele quem escreveu o prefácio. Foi um dia memorável, o presidente da McGraw americana esteve lá, foi realmente uma história muito fantástica. Não vejo nenhum problema em assumir um papel de mão-de-obra para mim mesmo, pelo contrário, continuo fazendo isso até hoje. Lançar esse livro em Nova York foi um orgulho enorme tanto como empreendedor como pessoa. Lançar um livro naquela cidade, na mesma que me recebeu como moço sonhador com o objetivo de buscar uma parceria com John Casablancas há mais de vinte anos, e mais tarde voltar lá com uma parceria com um megaempresário, o Donald Trump, era a glória. Lançar um livro por uma das maiores editoras do mundo, com uma grande festa, celebrando ali todas as minhas realizações como empreendedor era demais para quem um dia foi um menino tímido. Para aquela festa na Trump Tower eu mesmo distribuí todos os convites e pessoalmente assegurei que todos os detalhes estariam em ordem, supervisionei tudo. No dia da festa, saí do hotel às sete horas da manhã para assistir um congresso muito importante, em Nova York, que tinha o Rudolph Giuliani, o Bill Clinton, uma série de figuras importantes americanas se apresentando. Fui para a abertura desse evento, depois tinha uma entrevista com a "Business Week TV", e em seguida, de um almoço com minha editora. Depois do almoço, decidi que ficaria ali, porque o evento estava marcado para as seis horas da tarde, fiquei para ter certeza de que tudo estaria organizado e arrumado. E não tive sequer a oportunidade de voltar ao hotel para trocar de roupa, comprei uma gravata nova, lavei o rosto, escovei os dentes e ali fiquei como se não tivesse feito nada durante todo o dia. Ou seja, no dia da minha grande festa não me preocupei com minha aparência, mas sim com a necessidade de ter certeza de que tudo estaria bem, e tive o momento mais alto da minha emoção nesse processo todo.

Aconteceu que antes do evento, às quatro horas da tarde, o diretor de alimentos e bebidas da Trump Tower, que é simpaticíssimo, um cara que me apoiou durante toda a montagem da festa, chegou para mim e disse que o senhor Trump havia ligado para ele e perguntado a que horas queria que ele descesse para fazer uma intervenção no evento, fato esse que não sabia até aquela hora porque o Trump não havia confirmado a presença. Durante toda a trajetória desse negócio,

> "No dia da minha grande festa não me preocupei com minha aparência, mas sim com a necessidade de ter certeza de que tudo estaria bem, e tive o momento mais alto da minha emoção nesse processo todo."

nunca quis encher o saco dele, porque se fizesse isto correria o risco de ele me dizer um *"não, não vou"*. Caso ele me dissesse esse *"não"*, o que ele sempre faz, por impulso ou sob pressão, até porque o *"não"* é sempre a resposta imediata e mais fácil de dar, eu teria muito mais dificuldades em reverter o quadro. E de fato durante um ano, desde que assinei o contrato e avisei que o prefácio escrito por ele para a edição no Brasil seria traduzido, não tive nenhuma manifestação. De toda forma, com jeito e pertinência, fui falando com ele gradualmente: marquei encontros, fui entregar os convites pessoalmente para ele e para toda a sua equipe e de vez em quando dava um "alosinho". Enfim foi uma aposta que fiz: organizei tudo de forma que o colocasse numa situação de inevitável comparecimento. A minha felicidade foi imensa quando vi que a estratégia tinha dado certo graças à forma de conduzir o processo. Tudo tinha funcionado, consegui de fato movê-lo de seu pedestal para descer ali e render homenagens ao seu discípulo, ao seu aprendiz, isso foi muito forte para mim.

Nessa situação e em várias outras, fiz todo o processo, gosto de participar de toda a elaboração dos empreendimentos que participo. Sou uma pessoa que realmente não gosta de delegar o que não precisa ser passado para os outros. Sim, porque há tarefas em um empreendimento que nós mesmos temos que fazer. Algumas funções têm que ter mais do que nossa presença, nossa assinatura porque nós é que sabemos o significado delas. Sempre fui muito sozinho, seja por opção ou por falta dela, mas também, quando preciso busco parcerias e com o tempo acabei aprendendo a fazer escolhas. Tenho um defeito ou estilo de ser centralizador, mas pelo tipo de projeto que faço, não tem como ser de outro jeito. E faço qualquer coisa que for necessária, não tenho a arrogância por causa de

> "Algumas funções têm que ter mais do que nossa presença, nossa assinatura porque nós é que sabemos o significado delas."

um status ou de uma posição. Ainda hoje pego a caixa dos meus convites, distribuo, vou lá no correio, mexo em tudo, quero sempre ter certeza de que tudo está de acordo com o que planejei.

Em meus livros coloco bastante a questão da minha timidez, e acredito que, com o trabalho, venci essa questão. Sei que quem me vê hoje duvida que um dia eu ficasse receoso de fazer as coisas, mas juro que era bem encabulado, retraído mesmo. Na verdade a superação veio por um processo acumulativo de amadurecimento e até de crescimento da auto-estima, porque no momento em que começava a ter respostas para as minhas iniciativas, sucesso, aquilo ia me dando uma espécie de reforço no meu ego e daí, dia após dia, resultou a segurança. Acho que a partir da construção dessa segurança superei a timidez. Acredito que foi lá atrás, depois de cada trabalho bem-feito, que me permiti aceitar a minha capacidade. Foi difícil construir uma base emocional para superar as limitações que tinha, seja de superação de conflitos, constrangimentos, as próprias inseguranças, que são naturais em todo ser humano. E junto com a superação vinha a alegria e a satisfação.

Meihy
E como você lida com o sucesso?

Bellino
Uma coisa muito importante, e acontece muito comigo, é que não tenho nenhum problema de conviver com insucessos, muito pelo contrário, e também não faço do insucesso uma tragédia. Sempre tento, na medida do possível, me abstrair daquele momento ruim, tentar olhar de forma mais panorâmica aquela situação e tentar encontrar naquele momento, naquela angústia, naquele sofrimento, naquela frustração uma luz, uma perspectiva nova, uma inspiração para alguma coisa. E felizmente tem acontecido na minha vida uma sucessão de episódios que a cada insucesso que me ocorre, vem uma nova perspectiva de sucesso. É aquela tradicional lição da onda do mar aberto, onda que sobe e da onda que desce, aprendi com isso, com a experiência, que o tudo é apenas um estado de permanência. O sucesso é uma situação passageira, fugidia, não dura para sempre. Uma pessoa tem que ter a capacidade de entender que os negócios são como a vida, e a vida é como uma onda no mar. A onda sobe e desce. No momento em que ela está descendo, é necessário ter consciência que isso faz

> "E essa a gangorra de emoções é da natureza humana."

parte do momento. E precisamos saber que uma hora ela vai subir novamente. A pessoa pode acelerar esse processo ou pode deixar que a inércia a coloque sobre uma trajetória de subida. Acredito sinceramente que esses conceitos de felicidade, alegria, sucesso são inerentes à natureza do ser humano, um dia a gente acorda bem-humorado, outro dia nem tanto, possivelmente sem uma razão aparente. O "estado de espírito" faz parte do ser humano e nele atuam causas biológicas, químicas, descompensações ou problemas, preocupações. É essa a gangorra de emoções que é a natureza do ser humano.

Costumo dizer que sou um insistente compulsivo. Basicamente é isso: hoje tenho mais estofo, mais bagagem para sacramentar meu estilo porque realmente sou uma pessoa muito persistente. Além disso, não tenho mais nenhum problema em conviver com o "não", com o esforço das tentativas das pessoas tentarem me desencorajar por alguma idéia apresentada que aparentemente é grande ou ousada demais. As pessoas têm o hábito de tentar classificar tudo, dizendo que tal coisa *"não é para você"*, que você *"não tem experiência"* ou que *"já ouviu algo parecido, mas que não deu certo"*. É fato que o ser humano tem a tendência de diminuir a expectativa do outro, especialmente dos que não são capazes de obter sucesso. Todas as pessoas medíocres, ao longo da vida, têm que encontrar uma desculpa para justificar seu insucesso e muitas fazem isto se projetando nos outros. Muitos costumam ampliar a rede de pessoas que estão no mesmo patamar que elas e a maneira que encontram para se sentirem menos culpadas por sua incapacidade, é usar toda uma energia que podiam usar com o objetivo de reverter esse quadro pessoal, para tentar convencer as pessoas de que elas também não vão conseguir.

Recebi outro dia um e-mail de um grande amigo contando uma história que até usei recentemente no lançamento de meu "áudio-livro". Trata-se da parábola do sapo, de uma pretensa corrida de sapinhos em que é contada uma história interessante na qual um grupo de sapinhos estava numa competição para saltar uma lagoa e atingir uma torre. O certame era assistido por várias pessoas que diziam para os sapinhos que iam tentar: *"Ih! Nem adianta, você não vai conseguir"*, *"pode desistir, é muito difícil"*, *"bobagem tentar, o lago é grande e a torre é alta demais"* e as pessoas começavam a dizer que eles não conseguiriam, que aquilo era impossível, e um a um os sapinhos,

> "Acho que se temos um sonho, uma convicção, temos que ir até as últimas conseqüências."

por causa daquele coro, iam desistindo. Até restar um sapinho que tentou e finalmente conseguiu pular a água e alcançar a torre. Todo mundo ficou curiosíssimo em saber como havia conseguido. Ao se aproximarem e perguntarem ao sapo como ele tinha vencido aquele feito, descobriram que o sapo era surdo. A mensagem vale para dizer que muitas vezes nós temos que nos fingir de surdos para não nos contaminarmos pelas tentativas de acabarem com o nosso sonho. Acho que se temos um sonho, uma convicção, temos que ir até as últimas conseqüências, mesmo que tenhamos dificuldades, mesmo que pareça impossível, mesmo que não dê certo, mas a pessoa tem que ter essa atitude em relação a sua vida. Para mim tudo isso funciona num campo muito mais amplo, não creio que isso se aplica apenas na área profissional. Os nossos negócios têm que parecer com a gente e precisamos ter uma postura em relação à vida como um todo.

Meihy

Dando um balanço geral em sua carreira de empreendedor, como você avalia o sucesso e justifica seu próximo projeto?

Bellino

O sucesso em minha vida decorre das minhas atitudes. Sem querer parecer pretensioso, exerço uma capacidade de encantamento nas pessoas e isso se reflete em minhas realizações. Quando conheço uma pessoa nova, sempre conto passagens da minha história pessoal, não apenas em relação ao meu trabalho, isto provoca aproximações que atraem mais pessoas. Sou um bom contador de histórias. Gosto de compartilhar minhas experiências e ouvir o eco das emoções de quantos se juntam a mim. Isto me faz parecer íntimo e creio que corresponde a minha maneira de ser: esse meu jeito informal, quase debochado, de rir de si mesmo. Se considerar minha maior virtude, creio que é não deixar espaço para as críticas alheias; sou crítico dos meus próprios defeitos. Basicamente o que ocorre é que conheço minhas fraquezas, meus defeitos, e já antecipo, de forma que demonstro não ter nenhum problema com isso. Como entendo o mecanismo do ser humano, que sempre gosta de observar a fraqueza para tentar manipular o outro em algum momento, seja por interesse ou para se estabelecer com força em determinada situação, desmonto isso à medida que faço piada de mim mesmo.

Acredito que sou uma figura muito menos mercenária do que eventualmente posso parecer. O tipo de negócios que faço dimensiona um personagem mais arrogante do que sou. Tenho trabalhado muito nesta aparência para evitar isso. Além do mais, porque tenho oportunidades, conhecimento, capacidade

> "A verdade, por exemplo, é um valor fundamental."

de realizar, cuido de me expressar como uma pessoa mais preocupada com conceitos, valores que são fundamentais; valores esses que são importantíssimos em minha vida, nas relações. A verdade, por exemplo, é um valor fundamental. Veja que não estou falando de coisas mais complexas, de negócios que envolvem muitas pessoas, milhões de dólares, portanto, falar a verdade é condição de realização. Veja que hoje está cada vez mais difícil a pessoa ser legítima, autêntica, porque o ser humano é um mentiroso patológico. Mentimos quase automaticamente, num processo doentio. Já li estudos e pesquisas que demonstram que somos quase programados a mentir compulsoriamente durante a vida. Quando, por exemplo, uma mãe diz ao filho que ele não pode dizer que a avó dele é velha ou que ela está feia, que não gostou de um presente, da comida, se justifica afirmando que isso é falta de educação. Então, cria-se uma situação cultural em que, nessa circunstância, a criança pode mentir, e a mentira pode vir na dimensão que quiser. E mentira sempre é mentira porque não existe meia-mentira, então, a pessoa acaba aceitando uma flexibilização do que é verdade e passa a viver usando isso para sua conveniência. Fica muito claro que ninguém pode manipular as pessoas por muito tempo, e a simples tentativa de fazer isso já é suficiente para acabar com uma reputação, uma imagem perante essas pessoas. O respeito que elas têm pelo outro fica destruído quando percebem a tentativa de simular alguma situação.

> "Fica muito claro que ninguém pode manipular as pessoas por muito tempo."

MEIHY

Considerando sua experiência e principalmente a nova fase de sua vida, como você caracterizaria este novo empreendimento? Quais seriam suas palavras finais?

BELLINO

Entre as características dos emigrantes brasileiros que mais admiro estão a coragem e a determinação de deixar para trás tudo o que lhes é caro para assumir o desafio de vencer numa terra estrangeira. Conforme relatei nesta entrevista, houve momentos em que minha trajetória profissional me levou a assumir desafios semelhantes. E acredito que, se fui bem-sucedido, foi em parte porque a impaciência me impediu de protelar o que não deve ser protelado. Porque, se há um momento para planejar e avaliar a situação, há também o momento de agir. A todos que souberam agarrar com unhas e dentes o momento de agir, gostaria de dedicar a seguinte mensagem, proferida pelo meu amigo, o rabino Henry Sobel:

NÃO SERÁS PACIENTE

Tedy Kollek, o dinâmico prefeito de Jerusalém, propõe em sua autobiografia um 11º mandamento: "Não Serás Paciente". À primeira vista, tal conselho parece ir contra uma das qualidades mais valorizadas pela humanidade: a paciência é uma virtude. No entanto, ao refletirmos sobre as palavras de Kollek, percebemos que elas contêm uma grande sabedoria. A impaciência é necessária para remediar nossa tendência tão humana de protelar. Pois a verdade é que, em muitas áreas vitais de nossa existência, somos pacientes demais. Esperamos demais para fazer o que precisa ser feito em um mundo que só nos dá um dia de cada vez, sem garantias do amanhã. Enquanto lamentamos que a vida é curta, agimos como se tivéssemos à nossa disposição um estoque inesgotável de tempo.

Esperamos demais para dizer palavras de perdão que devem ser ditas, para pôr de lado rancores que devem ser expulsos, para expressar gratidão, para dar ânimo, para oferecer consolo. Esperamos demais para sermos pais dos nossos filhos pequenos, esquecendo quão curto é o tempo que eles são pequenos, quão depressa a vida os faz crescer e ir embora. Esperamos demais para ler os livros, ouvir as músicas, ver os quadros que estão esperando para alargar nossa mente, enriquecer nosso espírito e expandir nossa alma. Esperamos demais para enunciar as preces que estão esperando para atravessar nossos lábios, para executar as tarefas que estão esperando para serem cumpridas, para demonstrar o amor que talvez não seja mais necessário amanhã. Esperamos demais nos bastidores quando a vida tem um papel para desempenharmos no palco.

Deus também está esperando. Esperando que paremos de esperar. Esperando que comecemos a fazer tudo aquilo para o qual este dia e esta vida nos foram dados.

PALAVRAS FINAIS

DE HERÓIS ANÔNIMOS
AO SUCESSO

BELLINO e **MEIHY**

O ano 2001 foi fatal para a relação dos Estados Unidos com o resto do mundo. Sob todos os pontos de vista, as coisas se complicaram. O passar dos anos, por incrível que pareça, ampliou os problemas em particular na área da segurança internacional. Pela ótica da emigração, o terrorismo impôs uma série considerável de normas protetoras legitimando as guardas das fronteiras que ficaram ainda mais vigiadas e restritivas. Os emigrantes em potencial foram vítimas e muitos ou tiveram que duplicar esforços e riscos, ou necessitaram postergar as investidas de viagens. Mas os futuros viajantes não foram as únicas vítimas. Os emigrantes que já estavam nos Estados Unidos, em particular os que se preparavam para o processo de legalização, se viram complicados. Os dramas dos ilegais dilataram-se ainda mais impondo mais um dilema: ficar, insistir na permanência ou voltar. Mas, se esta história é do conhecimento geral, vale a pena lembrar que há exemplos de sucesso, casos de pessoas que sem deixar de ser brasileiros trabalham em favor de suas opções profissionais. Convictos do projeto pessoal, munidos da certeza do que fazem muitos emigrantes, firmaram-se como tipos que não abrem mãos de cuidados com os demais e assim dimensionam uma face importante de nossa sensibilidade cultural: o zelo familiar e o compromisso com o Brasil.

A galeria dos que conseguiram transformar dramas pessoais, antes e depois dos ataques de 11 de setembro, é grande e seria pobre terminar o livro sem esta espécie de tributo a tantos que desenharam um futuro próprio e de projeção comunitária. Logicamente, não cabe ressaltar situações singulares de esportistas – Pelé, modelos – Gisele Bundchen, atrizes – Sônia Braga. Vale pensar em tipos comuns que na luta pessoal se destacaram e deram sentido social a um projeto que de início era de indivíduos. Entre muitos, há casos de pessoas que vão de aventureiros a sonhadores, de impetuosos a visionários. Mulheres e homens incríveis mudaram seus destinos e, tantos, de heróis anônimos se tornaram empresários, pessoas conhecidas e nos Estados Unidos dimensionam o nome do Brasil. Há setores que distinguem os brasileiros do universo enorme de latino-americanos nos Estados Unidos: a área artística, em particular da música, as vocações profissionais ligadas à beleza pessoal, ao lazer. Fala-se também do sucesso dos que superaram os projetos pessoais e se dedicaram ao bem-estar coletivo.

Antes de mais nada, convém lembrar que a comunidade brasileira radicada nos Estados Unidos tem proposto reconhecimento público a tantos emigrantes que se distinguem em favor de atividades artísticas e de comunicação. Faz parte do processo de afirmação cultural de qualquer comunidade no exterior mostrar dotes que notabilizam qualidades boas de origem cultural. A existência de uma organização que celebra os feitos comunitários indica o grau de reconhecimento desses personagens e instituições. O *Brazilian International Press Award*, consagrado como a mais prestigiada premiação cultural brasileira no exterior, expressa o crescimento e a dinâmica dos nossos artistas nos Estados Unidos. Em reuniões anuais, tal instituição valoriza o que de melhor ocorreu em termos de sucesso de brasileiros nos Estados Unidos.

Não é errado dizer que pela música o Brasil se notabilizou no mundo. Nos Estados Unidos, desde Carmem Miranda, Ary Barroso e Dorival Caymmi, muitos são os brasileiros que divulgam nossa cultura musical e assim nos projetam. Mas há algo de diverso neste processo atualmente. Não se trata mais de programas planejados entre estados como foi a "política da boa vizinhança" nos idos de 1940, e sim de manifestação espontânea. Entre os músicos de hoje podemos começar por figuras como Sérgio Mendes, que se notalibizou por ser divulgador da bossa-nova. Mais recentemente temos casos como de Adenet que tanto divulga nossa música popular como erudita. E nem é preciso lembrar figuras como Bebel Gilberto, que seria exceção não fosse o valor revelado por Rose Max com um conjunto formado por belas vozes femininas, "As cantoras do Brasil", que, em 2007, encantou platéias nos Estados Unidos. Mas não é só no setor da bossa-nova que alguns brasileiros tornaram-se conhecidos. Vale abrir uma galeria para "forrozeiros", intérpretes muito mais conhecidos nos Estados Unidos que no Brasil. Uma característica importante deste grupo é que eles correspondem ao perfil crescente dos nossos emigrantes para os Estados Unidos. Outro lado relevante dessa manifestação é que lá eles recriam um padrão cultural que até pouco tempo era considerado doméstico, menor, característico de grupos economicamente menos privilegiados.

Retraçando paródias, usando troças engraçadas talvez pela alegria e crítica, neste cidadão há um intérprete representativo de um tipo de discurso capaz de neutralizar sofrimentos e propor lições. Falo de Roberto Trevisan que, em certa medida, prova a saga de tantos que saem em busca de um sonho, lutam por ele e acabam por vencer. Nascido em Minas, na cidade de Andradas, resolveu aos 18 anos ir para Nova York. Dificuldades o obrigaram a buscar o caminho mais árduo, via México, onde antes de atravessar a fronteira passou frio e fome. Até chegar ao destino, Trevisan demorou dois meses na travessia em companhia do medo, risco e solidão. Hoje, casado, estabelecido como o cantor brasileiro que mais vende CDs nos Estados Unidos, ri do tempo em que começou, há vinte anos, apoiado por Elba Ramalho, deixando de ser crooner de barzinhos freqüentados por brasileiros na área de Westchester, Queens e redondezas para fazer nome e se impor como intérprete conhecido, inclusive do público latino. Sem deixar os nacionais, hoje ele divide sua atuação entre o nordeste brasileiro e os Estados Unidos. Mas não é só de música que vive o nosso herói que um dia foi anônimo. Dono de uma próspera empresa de construção, empregando mais de duzentos brasileiros, Roberto Trevisan construiu casas de gente famosa como Mike Tyson, Eddie Murphy, do ator de "Karate Kid", Ralph Macchio (de quem hoje é amigo pessoal), Gloria Gaynor, Billy Paul e outros. Além disto, fez obras no Central Park e na Estátua da Liberdade. Em termos de música, essa gente ostenta uma vanguarda. Entre tantas canções importantes gravadas por Trevisan, uma merece atenção maior: "Um matuto em Nova York". Sendo de 2001, a letra de João Caetano e Genival Lacerda, deixa passar a sensação de consciência de classe e de um lugar social dos emigrantes brasileiros pobres de Nova York. Aliás, a letra revela ainda uma característica a mais: a movimentação de Nova York até Miami. O orgulho na transposição de status de simples "matuto" para *"matuto de luxo"* é revelador da auto-estima de quem aprendeu com a experiência. Como uma paródia, as rimas arranjam situações hipotéticas que, no entanto, traduzem controle da situação e até invertem o processo de dominação da cultura norte-americana. De maneira entusiasmada, por exemplo, diz que *"os americanos esqueceram a tal da guerra"* e *"no swingue pé-de-serra admitiram o forró"*. Sem a mágoa ou a ironia proposta por Cazuza, a latinidade é assumida não como estratégia de sobrevivência, mas como alternativa de vida que em vez de opor combina o fato de ser *"um matuto latino"* com *"forrrozeiro nordestino"*.

Sintomático, o fato de "Um matuto em Nova York" mostrar a variação de tipos sociais que também são retratados na letra que diz:

Sou um matuto, mas sou um matuto de luxo
Me encontrei com George Bush num congresso em Nova York
Lá, precisei de levantar uma grana
Me entrosei com uma dona pra cantar num show de rock
Imagine quem foi me prestigiar
Dominguinhos chegou lá para cantar um xodó
Os americanos esqueceram a tal da guerra. No swingue pé-de-serra
    admitiram o forró
Os americanos esqueceram a tal da guerra
No swingue pé-de-serra admitiram o forró
(Simbora)
Nosso forró pé-de-serra
Hoje é coisa de bacana
Sou um matuto latino
Forrozeiro nordestino
Na colônia americana

Sou um matuto que falo inglês fluente
Mas prefiro meu oxente com ponto de exclamação
Represento nossa cultura raiz
É assim que sou feliz
Pisando firme no chão. Não se admire se eu for lá em Miami
E trouxer uma madame para a missa do vaqueiro
Dançar forró até o sangue ferver
E ela nunca esquecer do matuto brasileiro
(Segura, sanfoneiro. Esse é o matuto de Nova York City)
(Segura, seu sanfoneiro nosso grande Marcos Farias)

Não há como deixar de lado nomes que adaptaram questões da emigração para o nosso cancioneiro popular, em particular dos que se apóiam em pressupostos nordestinos. Pessoas como Genival Lacerda e Acioly Neto merecem atenção. Em uma breve mostra da capacidade crítica desses compositores temos a música "Severina Xique-Xique", que satirizava o cantor de rock Alice Cooper que em 1994 veio ao Brasil fazer exibições. Acioly aproveitou a oportunidade e compôs a sátira que segue:

Eu vou pra feira comprar uma cascavel
Encher os dedos de anel e aprender a dançar rock
Eu vou borrar os olhos todos de carvão
Amorcegar um caminhão e vou bater em Nova York
Chegando lá compro uma roupa de cetim
Dessas que rebrilham assim feito galinha pedrês
No fim do ano volto na grana montado
Esnobe e afrescalhado e machucando no inglês
It's not mole não, Don't have condição
Um Rolls Royce no estacionamento
No lugar desse jumento que me fez passar vexame
Pra esquecer a minha vida de miséria
Vou passar as minhas férias lá na praia de Miami
Com uma galega de dois metros de altura
Daquelas que tira côco sem precisar de vara

O punk rock tá me oferecendo a chance
E antes que ele se canse eu vou é meter a cara
It's not mole não, Don't have condição
E quando eu for me apresentar na discoteque
Vou mostrar prèsses moleques que o maruro é que é o bom
Eu que penei aqui na terra tantos anos
Agora o americano é quem vai curtir meu som
Depois que a gente vai simbora pro estrangeiro
E se amunta no dinheiro o negócio é chaleirar
Só volto aqui para curtir minhas estafas
Que nem diz Frank Sinatra, não vou dar colher de chá.

Da bossa-nova ao forró, a música brasileira influenciou públicos. Aparentada com o jazz, pode-se dizer que a bossa-nova tinha um caminho prometido, mas o forró e o samba fizeram chãos próprios. E isto tem a ver com o processo emigratório.

Mas o mundo artístico não se reduz ao impacto da canção popular. Um dos exemplos mais brilhantes que temos, em termos de sucesso de emigrante, é dado por Romero Britto, pintor pernambucano radicado há quase vinte anos nos Estados Unidos e uma das mais reconhecidas expressões da pintura contemporânea da América Latina. Uma frase sua sintetiza o que pensa e significa:

"Meu trabalho, por ser dinâmico e alegre, promove a esperança, o positivismo e a vontade de viver. Acredito que cada um de nós tem uma missão. A minha é oferecer parte do meu tempo e da minha arte a fim de arrecadar fundos para obras beneficentes. Eu me identifico com os necessitados. Jamais vou esquecer o que é ser pobre e isso é o que faz com que seja tão importante para mim ter meu trabalho acessível a todas as pessoas. Para mim, a arte pode refletir a celebração das coisas boas e simples da vida. Isto é o mais importante!"

Britto seguiu os passos de outro brasileiro, Juarez Machado, que atualmente vive em Paris, mas que se afirmou como pintor de reputação nos Estados Unidos. E nas artes plásticas Vik Muniz é um dos nomes mais respeitados em fotografia. Vejamos como ela descreve a própria trajetória para a repórter Tânia Menai:

O que a fez vir para Nova York?

"Nasci em uma família humilde de São Paulo – meu pai é garçom, e minha mãe, telefonista aposentada. Quem nasce nesse cenário não imagina ser capaz de ganhar dinheiro como artista, viver de arte, de idéias. A vinda para Nova York possibilitou-me viver de idéias. Minha intenção inicial era estudar inglês na cidade por seis meses e, na volta, arrumar um emprego melhor em São Paulo. Mas acabei ficando. Isso tem vinte anos. Hoje, vejo que essa foi a minha melhor decisão. Aqui, não importa a classe social da qual viemos, temos o panorama de onde podemos chegar. Para mim, no Brasil dos anos 70, isso não era possível. Cheguei em Nova York em um domingo de verão. Andando pelas ruas, encontrei, sem querer, o Museu de Arte Moderna (MOMA). De lá, fui para o Central Park, onde havia um concerto de Brahms Overture, seguido de fogos de artifício. Nunca tinha visto algo tão lindo. Naquele dia, decidi que iria morar aqui."

O universo da beleza e dos cuidados pessoais expressa uma das marcas mais reputadas da cultura brasileira nos Estados Unidos. Sem dúvida o maior sucesso neste campo cabe às irmãs *"J's"*, as chamadas *"J's sisters"*, as mais renomadas donas de salão de beleza de Nova York. As sete irmãs, Jocely, Jonice, Joyce, Janea, Juracy, Jussara e Judseia Padilha, deixaram Vitória no Espírito Santo e bandearam para Nova York onde, verdadeiramente, revolucionaram os cuidados com a beleza tanto de mulheres como de homens. Chegando em 1987, estabeleceram-se introduzindo novas técnicas de depilação e hoje chegam a fazer cerca de 200 por dia. O exemplo das irmãs *"J's"* é contagiante e não faltam seguidoras, como se vê pelo site: http://verdeamarelo.net/buscar.asp?Categoria=Saloes+de+Beleza+%2F+Beauty+Salons.

A área de entretenimento é das mais disputadas nos Estados Unidos. As cidades grandes, em particular as que têm o turismo como opção, se orgulham por oferecer o que há de melhor no ramo. Neste território, chama a atenção uma figura brasileira que, mesmo sem abranger o público norte-americano, merece respeito, em particular entre os latinos ou hispanos.

Trata-se de Rosalino Antunes, um gaúcho transformista que se especializou em se caracterizar como Carmem Miranda. Saindo do Brasil, Rosalindo montou shows de sucesso, aprendeu como adaptar o jeito brasileiro ao gosto norte-americano e assim achou o caminho que o levou a empresário, dono de boites e casas noturnas que sempre estão nos roteiros de quem aprecia bons espetáculos. Sobre sua experiência ele recorda:

> "Logo que comecei no Via Brasil, entrei em contato com o Jota Alves. Comecei a trabalhar com ele na promoção de eventos. Ele começava a promover eventos, shows e trazia artistas do Brasil. Nessa época, estava muito interessado em marcar o Carnaval como data de afirmação brasileira. Era uma coisa muito bonita porque divulgava um evento brasileiro e, ao mesmo tempo, tinha intenção comercial. Logo no primeiro ano que estava lá, ele trouxe a Maria Alcina, que eu já conhecia. Naquele tempo, havia um glamour em torno do Brasil. A coisa da música e da sensualidade atraíam muito. Como eu gostava e tinha alguma experiência no ramo, tudo ficou mais fácil e o show dela foi um sucesso. Aconteceu no Hotel Hilton, em uma festa deslumbrante que tinha três mil e quinhentas pessoas. Eu logo me meti a produzir alguma coisa, a organizar apresentações e fazer shows. Além de me apresentar, comecei a arrumar as meninas para dançar, fazer cena de fundo, aquela coisa toda. A partir disso, fui deslanchando, metendo a cara, e vi que dava para fazer dinheiro com samba, dança, fantasia e essas coisas. Como sempre gostei de desenhar roupas e costurar, eu mesmo comecei a produzir nossos guarda-roupas e fui ficando conhecido também como produtor de roupas. Por seis, sete meses trabalhei de garçom, umas dez, onze horas por dia e ainda continuava à noite. Assim, organizei a minha base. Fazendo dublê de garçom e artista arrumei umas quatro ou cinco mulatas, quase sempre "hispanas": colombiana, dominicana, cubana... brasileira era o que menos tinha. E com elas eu saía dançando às noites nos clubes, sambava também junto com elas. Colocava duas mulatas de cada lado, eu no meio, e fazia um showzinho. Assim, fui fazendo a minha vidinha aqui. Resolvi então ganhar dinheiro. Depois que comecei a trabalhar por minha conta, nunca mais trabalhei de empregado para ninguém. Saí pelo mundo com o show. Interessante é que o público era variado: brasilei-

ro, hispano, americano. Na época, era mais americano que brasileiro porque eu me apresentava em hotéis. Logo no primeiro ano, ganhei um contrato de uma agência americana e então trabalhava de segunda a sexta com as meninas dançando."

Rosalino é um vencedor por vários motivos. Em eleição para definir *"a cara do Brasil em Nova York"*, venceu com mais da metade dos votos. Simpatia, solidariedade e competência profissional fazem dele alguém que representa o Brasil na comunidade.

No setor artístico há outros destaques. Um importante setor é dos brasileiros escritores que moram nos Estados Unidos. Um território novo, ainda a ser explorado com mais pertinência, é o da literatura produzida lá por emigrantes. Pelo lado dos protagonistas, há uma "Associação Brasileira dos Escritores de Nova York" que se comunica com a "União Brasileira de Escritores" que possui uma "Seção de Nova York (UBENY)", em ambos os casos, a presidência das entidades é de Domício Coutinho, autor de vários livros. Fora do circuito universitário alguns nomes figuram com destaque na promoção de eventos culturais. Em particular no campo das letras convém destacar Ângela Bretas, emigrante do estado de Santa Catarina. Ela morou em Boston e depois se mudou para Miami onde exerce intensa atividade como escritora, articulista e promotora social. Sua obra é basicamente sobre os brasileiros que vivem fora do Brasil, com ênfase na questão da mulher, mas sua aceitação extrapola os limites da nossa comunidade. Ângela participa de antologias inclusive em inglês e é vencedora de vários concursos.

Em Miami e Boston alguns nomes se distinguem no âmbito das atividades culturais. Adriana Sabino é uma campeã de eventos em favor da comunidade e transformou uma instituição – o Centro Cultural Brasil-Estados Unidos – que teria propósitos limitados em uma ilimitada usina de promoção de eventos que vão de festivais a feira de livros. Atuando na área social e cultural, suas investidas dão sentido ao esforço coletivo de organização dos brasileiros no sul da Flórida; além disso, uma equipe formidável dá vida a trabalhos que fazem a comunidade brasileira de Miami ser exemplar. Em Boston, liderado por Clémence Jouët-Pastré, da Universidade de Harvard, há movimentos que buscam integrar a comunidade organizando-a, de maneira a afinar propostas que vão da promoção cultural brasileira à solução de problemas do grupo. Enfim, promotores sociais fazem do próprio trabalho o sucesso geral. Também em Boston, Álvaro Lima tem um nome respeitável por se destacar como Diretor de Pesquisas Econômicas e Sociais da Prefeitura de Boston, onde preside o controle do mais completo mapeamento das comunidades estrangeiras nos Estados Unidos e com isto facilita o entendimento das comunidades brasileiras espalhadas em diferentes pólos estadunidenses.

Entre os tipos mais conhecidos de brasileiros que vivem no exterior, seguramente, um jovem paranaense se distingue. Menino de classe média do interior do Paraná, Jota, cujo verdadeiro nome é João Abussafi, o personagem que inspirou a novela "América", de Glória Perez, assim conta sua história dizendo que nasceu em um lar bem armado da junção de portugueses com árabes. O moço de pouco mais de 40 anos é o retrato de um vencedor. Tenacidade e muito trabalho justificam o fato de ser um dos mais conhecidos brasileiros de Miami. Emocionado, ele que já pesou 150 quilos e hoje está pela metade, não deixa de exibir as razões de seu sucesso. Amadurecido, consciente da história que construiu, Jota é a prova viva de que o esforço vale a pena e tudo graças à alegria de trabalhar conscientemente. Aliás, em sua história não faltaram dois fatores combinados: sorte e valentia. Chegou a dormir ao relento em Orlando, na Flórida, mas depois da decisão de mudar para Miami e começar um atendimento diferenciado como motorista tudo deu certo. Com ênfase, falou sobre a oportunidade aberta por Hebe Camargo e como conquistou a simpatia de tantas outras celebridades. No caso de Gloria Perez, por exemplo, cuidou em uma das visitas dela a Miami de arranjar um banquinho para que a mãe da novelista, senhora de estatura baixa, pudesse subir no carro. Hoje com oito viaturas de luxo e liderando uma pequena equipe de comandados, mostrou que extraiu uma moral de suas peripécias: faria tudo outra vez.

A comunidade brasileira nos Estados Unidos é exemplar em termos de quantidade de jornais editados. Calcula-se que cerca de 150 noticiosos são espalhados por todo país e isto levou uma firma, a *"Plus Media & Marketing" (PMM)*, empresa fundada pelo jornalista Carlos Borges, a organizar o congresso Internacional de Comunicação Brasileira, evento que tem como missão juntar empresários, jornalistas e colaboradores da mídia brasileira no exterior. Esta história de sucesso se deve graças a algumas iniciativas que caminham para décadas de persistência. Entre tantos jornais importantes, sem dúvidas, o *The Brasilians*, do bem-sucedido empresário João de Matos e dirigido com competência por Edilberto Mendes, consegue ser o mais divulgado de todos. Com certeza, pode-se dizer que seria impossível escrever a história dos brasileiros nos Estados Unidos sem antes ler a consideração desse jornal. Tanto João de Matos como o jornalista Edilberto Mendes merecem destaques. João de Matos é nome fundamental por ser empresário pioneiro e promotor da maior manifestação pública de brasileiros fora do Brasil, a festa do dia da nossa independência, que movimenta mais de um milhão de pessoas a cada setembro em Nova York. Edilberto Mendes por conhecer profundamente a comunidade brasileira e os segredos do comportamento dos nossos patrícios na situação de emigração. Além disto, Mendes é uma espécie de embaixador informal dos que procuram, por diversos motivos, saber de detalhes do processo emigratório para os Estados Unidos.

O setor religioso em qualquer organização emigratória tem sempre papel fundamental como elemento ordenador e até de controle dos comportamentos de seus fiéis. Com o caso brasileiro não é diferente e neste sentido alguns líderes merecem destaque frente ao esforço e correspondente sucesso. Uma breve mostra do papel das igrejas pode ser visto pelo site: http://www.brazilmiami.org/port/igrejas.php. Não apenas o número surpreende, mas sobretudo, a presença de brasileiros liderando os púlpitos. Entre os nomes mais conhecidos temos alguns pastores evangélicos que arrebatam fiéis. Silair Almeida que, além de líder da Primeira Igreja Batista Brasileira do Sul da Flórida é também presidente da Associação dos Pastores Evangélicos, apresenta sua comunidade, apoiada em pressupostos de fé e trabalho, da seguinte forma:

"'Entendemos que o homem é um todo, ou seja, corpo, alma e espírito. E por isso um dos grandes pilares da nossa igreja é o social', afirma. Para ajudar as pessoas a se recuperarem de problemas que envolvem também o seu lado emocional, a igreja possui o grupo de apoio composto por psicólogos chamado de 'Celebrando a Recuperação', onde participam cerca de 200 pessoas divididas em oito grupos diferentes, que atuam conforme a necessidade de cada um. Nós investimos grande parte dos recursos financeiros da

Igreja em projetos de ajuda ao próximo, comenta o pastor. Há cerca de 16 anos, a Igreja entrega uma cesta básica toda semana para mais de 100 famílias da comunidade. Este projeto nunca foi interrompido. Existe também a distribuição de roupas. Diversos voluntários trabalham lavando e organizando as centenas de peças de roupas para serem doadas para a comunidade local". http://www.imigrantecristao.com/59/artigos.htm.

O jornal O *Dia*, ao visitar o pastor Silair, em Pompono Beach, assim escreveu o sucesso, segundo palavras do próprio pastor:

"Nossa igreja é um milagre de Deus que você precisa conhecer", proclama o pastor Silair, ao levar-me a percorrer a vastidão dos seus domínios – sete hectares –, nos quais se estende a Primeira Igreja Batista Brasileira do Sul da Flórida. "Começamos em 1991 com cinco pessoas, em uma pequena casa com algumas cadeiras", comenta ele, com modéstia. Hoje, a igreja distribui comida e roupa aos necessitados.

E o jornal continua dizendo que Silair

"Empresta carro usado para os que acabaram de chegar, uma vez que o transporte coletivo é uma raridade na Flórida. Realiza um programa tentacular de assistência comunitária, que inclui promoções, festas, reuniões de congraçamento, ensino, distribuição de publicações (como a revista Boas Novas). Além, obviamente, da atividade evangélica. O culto da noite é um show espetacular que começa com música e termina com uma grande ceia, passando pela prédica do pastor Silair e pelo ato dos fiéis fazerem fila para depositar o envelope do dízimo em dois grandes cântaros à frente do palco. Num desses cultos noturnos, constatei a atmosfera de confraternização despojada. Uma comovente mistura de fervor religioso, encontro de amigos e festa de família, dessas em que todos parecem felizes".

Em termos religiosos, além do sucesso de muitos cultos, vale mostrar que um católico fez carreira sendo Dom Edgard da Cunha, Bispo Auxiliar de Newark, o primeiro brasileiro a alcançar tão alto cargo na hierarquia da Igreja Católica nos EUA.

A transposição dos sucessos pessoais para os comunitários diz muito do significado social da comunidade brasileira. O empenho pessoal dignifica a luta de indivíduos, mas o sucesso isolado é pequeno se não dimensionado no coletivo. As histórias de sucesso têm pois a ver com a aceitação de cada um em um espaço mais ampliado. E com base nisto, temos que pensar que é necessário ver nos emigrantes brasileiros nos Estados Unidos um vínculo que os enobrecem, na medida em que, no geral, não perdem o Brasil de vista e no Brasil suas famílias.

E O FUTURO, A QUEM PERTENCE?...

BELLINO

Convém que não nos esqueçamos que a emigração é um processo irreversível. O mundo globalizado só se sustenta em cima da universalização da força de trabalho e ela tem uma dinâmica própria. A movimentação emigratória a que assistimos hoje tem dimensões planetárias e sustenta a promessa de continuidade. O mundo todo é afetado pelas mudanças populacionais de pessoas de um país ao outro. Uns mais, outros menos, cada dia vemos mais internacionalmente e a diminuição das distâncias torna tudo mais familiar. Os custos e benefícios desses processos também são relativos, mas em conjunto todos ganham. Os que saem voluntariamente cumprem seu destino com possibilidades de realizações profissionais e humanas; os países que recebem podem se beneficiar de resultados que não se expressam apenas no produto do trabalho. O impacto cultural e social é também enorme. E mesmo para os países de onde se originaram as saídas as possibilidades de ampliação de contatos e mesmo de revisão de políticas de trabalho são grandes.

Pensando objetivamente no caso brasileiro, cabe lembrar que as mudanças atuais no comportamento emigratório revelam continuidade da nossa tradição de "país aberto à emigração". Mudou o perfil do emigrante que nos procura. Agora, em vez da predominância de europeus e orientais, temos os latino-americanos chegando. A alteração mais expressiva é que nos tornamos mais um país que engrossa a lista dos que alimentam outros processos. Isto não pode ser visto unicamente como um mal ou como uma derrota. Pelo contrário, significa incluir o Brasil no grande movimento humano. É claro que há casos infelizes como a expulsão de grupos, "limpeza étnica", exílios, mas não vivemos essas situações. Os brasileiros que saem o fazem por motivação própria e organizam estratégias para conseguirem o que buscam. É aí, aliás, que as políticas públicas deveriam investir e tentar ajudas aos que preferem outros lugares para viver. Se em vez de simplesmente inibir fluxos de saída, os governos procurassem entender motivos e construir caminhos comuns, certamente o mundo seria diferente.

Em se falando de brasileiros e alternativas de vida no exterior, vale lembrar que temos uma situação privilegiada. Nosso país vive uma fase de desenvolvimento e crescimento da economia e isso permite pensar na gravidade decisória de quem se propõe sair do país. Caso persista a opção de saída e se ela for definida, o emigrante pode ir mais consciente do que deixa para trás. A orientar decisões, hoje no Brasil ainda podemos contar com mais um elemento fundamental: a consciência do processo que historicamente já é registrado em notícias constantes de jornais e revistas, livros contando experiências de pessoas, alguns estudos demográficos e até novelas de televisão. É preciso dizer que o brasileiro emigrante não esquece o Brasil. Não apenas as visitas turísticas, mas sobretudo a manutenção irrestrita dos laços familiares nos faz diferentes de tantos outros grupos que se impõem rompimentos culturais.

Os números mais realistas dizem que hoje temos cerca de três milhões de brasileiros fora do país. É possível que este total seja maior, mas de toda maneira o grande centro de atração são os Estados Unidos. Quase a metade do contingente brasileiro encontra-se espalhado por diversos estados daquele país. Como não constituímos, em relação às saídas para os Estados Unidos, um processo emigratório convencional, onde há uma política coletiva motivando o fluxo e leis assegurando cotas de ingresso, tornam-se convenientes estabelecimentos de regras comuns e neste sentido os governos devem propor leis recíprocas. O tema da modernização das leis é central neste debate. Sabe-se que, com certeza, países ricos e desenvolvidos não vivem mais sem grupos complementares que atuam em diversos setores mantendo o crescimento nacional. Onde as oportunidades se abrem – e os Estados Unidos se apresentam com tal situação – há e haverá mercado de inclusão de cidadãos em busca de realização pessoal. Propor, por exemplo, *"licenças temporárias de trabalho"* é uma alternativa digna de estudo. E é importante ressaltar que medidas como esta, além de favorecer a legalidade, propõem controle e ajudam a evitar o risco mais grave da emigração: a clandestinidade e seus riscos. Porque não se admite pensar no emigrante como cidadão de segunda ordem, como trabalhador que vai fazer o que os locais não querem fazer, é fundamental indicar caminhos que se abrem às oportunidades democráticas de crescimento pessoal e institucional.

Sobretudo, sugere-se que seja criado um ambiente de "educação emigratória". Como se fosse um programa de estudos, esta matéria poderia ser debatida de maneira mais sensata e aberta a fim de solver dúvidas que existem e que não são esclarecidas. E assim termino reafirmando que a emigração é um processo permanente e que tende a se ampliar; que os estados devem se assumir como mediadores de políticas comuns; a urgência de debates esclarecedores tem que ser solucionada e com uma educação emigratória pode-se pensar com mais critério em cidadania.

O QUE ENSINA O PASSADO PARA O FUTURO?...

MEIHY

A esta altura do processo, é fundamental assumir o papel histórico das emigrações e inscrevê-la no momento atual. Em termos de movimentação demográfica, lições importantes podem ser tiradas das experiências remotas e em curso. Um desses exemplos é a certeza de que há uma dinâmica emigratória em constante evolução e mais do que irreversível ela só tende a aumentar. É importante também articular os processos emigratórios às alterações fundamentais de nosso tempo: os meios de locomoção são outros, as motivações individuais e coletivas são diferentes e que existem mais e melhores possibilidades de voltar. O retorno, que antes era quase trágico, torna-se cada vez mais relativo e sem esta certeza é pobre pensar no que é ser emigrante hoje. O que era legítimo na emigração da geração de nossos pais não é aplicado hoje.

Mesmo sendo óbvio que o processo é continuo, há fases de retração que, por fim, justificam a continuidade. A reacomodação dos fluxos é quase uma lei para a demografia. Assim como a emigração vai continuar, cabe ver que ela não é linear, sem incoerências e rearranjos.

Curiosamente, vivemos hoje um momento peculiar no caso dos emigrantes brasileiros que estão nos Estados Unidos. A crise que se abate sobre a economia norte-americana coloca em xeque os desdobramentos costumeiros da nossa "comunidade". Isto porém não quer dizer que "as coisas mudaram". Não. Os grupos afetados, segmentos de trabalho organizados, saberão se realocar. É possível que alguns voltem, mas a grande maioria continuará e as tendências de novos ingressos não deixarão de existir. Se a ênfase na crise é no setor imobiliário, os trabalhadores da construção civil podem ser atingidos, mas, dada a sagacidade e o potencial de recuperação dos mecanismos financeiros norte-americanos, outros setores se apresentarão como alternativas. Lições antigas como a gravíssima crise de 1929 servem de amostra da capacidade de superação das crises. E nem é necessário ir tão longe. Apenas para evidenciar aspectos que diretamente envolvem o Brasil e os brasileiros nas relações emigratórias com os Estados Unidos cabe lembrar que a *"maxidesvalorização do real"*, em 29 de janeiro de 1999, foi apontada como o fim do processo emigratório dos brasileiros. De verdade, alguns setores, em particular os brasileiros que cuidavam do turismo, tiveram a vida afetada. Lojas fecharam em Orlando e Miami, na Flórida e em Nova York e Boston também. Não tardou porém a recuperação. Em vista do 11 de setembro deu-se o mesmo alarde e, no entanto, o processo não voltou atrás. Em conclusão, a atual crise é mais uma, mas ela não diz muito em relação à continuidade do fluxo de brasileiros aos Estados Unidos. Se podemos dizer que o passado ensina, a tendência vai continuar e nós temos que aprender a respeitar o direito do emigrante. E cabe fechar essas reflexões com o verso "Ítaca" do poeta grego Konstantinos Kaváfis.

*Quando começares a tua viagem para Ítaca,
reza para que o caminho seja longo,
cheio de aventura e de conhecimento.
Não temas monstros como os Ciclopes ou o zangado Poseidon:
Nunca os encontrarás no teu caminho
enquanto mantiveres o teu espírito elevado,
enquanto uma rara excitação agitar o teu espírito e o teu corpo.
Nunca encontrarás os Ciclopes ou outros monstros
a não ser que os tragas contigo dentro da tua alma,
a não ser que a tua alma os crie em frente a ti.*

*Deseja que o caminho seja bem longo
para que haja muitas manhãs de verão em que,
com quanto prazer, com tanta alegria,
entres em portos que vês pela primeira vez;
Para que possas parar em postos de comércio fenícios
para comprar coisas finas, madrepérola, coral e âmbar,
e perfumes sensuais de todos os tipos –
tantos quantos puderes encontrar;
e para que possas visitar muitas cidades egípcias
e aprender e continuar sempre a aprender com os seus escolares.*

*Tem sempre Ítaca na tua mente.
Chegar lá é o teu destino.
Mas não te apresses absolutamente nada na tua viagem.
Será melhor que ela dure muitos anos
para que sejas velho quando chegares à ilha,
rico com tudo o que encontraste no caminho,
sem esperares que Ítaca te traga riquezas.*

*Ítaca deu-te a tua bela viagem.
Sem ela não terias sequer partido.
Não tem mais nada a dar-te.*

*E, sábio como te terás tornado,
tão cheio de sabedoria e experiência,
já terás percebido, à chegada, o que significa uma Ítaca.*

POSFÁCIO

BRASIL: SOMOS PARTE DO MUNDO GLOBALIZADO

BELLINO
Pensando nas mudanças do mundo contemporâneo, não tenho como deixar de lado algumas reflexões que levam a desenhar novas alternativas de relacionamentos pessoais e institucionais. Mudaram os padrões de contatos, a velocidade das máquinas "encurtou distâncias" e nas comunicações a internet – principalmente ela – passou a transformar os tipos de trocas de notícias e a participação em eventos familiares ou comerciais, influenciando desde a economia doméstica até o comportamento financeiro de países. Com certeza isso afetou de maneira drástica a noção de alcance e tudo ficou mais perto, mais acessível, fácil. Juntamente com a consciência de que temos que aprender a lidar com tais realidades em nível pessoal, também devemos nos instruir sobre como equilibrar o comportamento de consumo e investimentos. Diria sem medo de errar que junto com a economia, as relações familiares também deverão se redefinir.

MEIHY
E o notável é que tudo acontece com certa naturalidade, ainda que a dinâmica das transformações seja tão acelerada, progressiva e irreversível. Essas ponderações, aliás, me convidam a perguntar como você vê a projeção disso nos próximos anos? Teremos novos modelos de consumo? Como nossa cultura – em nível pessoal e global – resistirá ao impacto do crescimento da economia mundial? Essas questões derivam exatamente das reflexões propostas

pelos argumentos do diálogo que desenvolvemos neste livro. Se me permite precisar a questão: onde vamos parar? Com a globalização teremos nossas preferências culturais neutralizadas? Será que o Brasil vai deixar de ser Brasil e vamos viver padrões cada vez mais impessoais ou internacionais?

Bellino

Sua pergunta tem fundamento, pois recentes números mostram que a participação do Brasil no mercado mundial é ampla e somos dos países que mais se preocupam em assumir lugar nos espaços qualificados como "em desenvolvimento". Seja na Ásia, na África, na Europa, na Oceania e mesmo na América Latina, os brasileiros se aparelham para ocupar lugares e não há como ocultar que estamos nos saindo muito bem. E não se trata apenas da fuga de grupos em busca de soluções pessoais, de indivíduos insatisfeitos com o que têm no Brasil. Não. Mais do que isso, o que temos hoje é uma *mundialização* das possibilidades de trabalho e se juntarmos isso aos novos conceitos de comunicação e à realidade da revolução dos transportes, teremos condições de avaliar o que é ser moderno. De certo modo, estamos vendo que os brasileiros, de todas as camadas sociais, vivem essa modernidade de maneira exemplar.

Meihy

Mas como ficamos em termos da consciência de nossa brasilidade? Será que vamos virar "cidadãos do mundo"? Não é de se temer que a globalização extermine o "jeito brasileiro de ser"? Isso tudo não vai afetar maneiras de viver nosso cotidiano?

Bellino

Uma coisa é participar do mundo globalizado, outra é pensar que os novos padrões de vida sejam capazes de nos anular culturalmente. O segredo de tudo estará no equilíbrio. Vamos continuar falando português, mas aprender outra língua será um imperativo; vamos continuar a comer arroz com feijão, mas comida tailandesa vai entrar no nosso gosto como o quibe e o suchi. É bom aprender a progressão e termos claro que "agregar valores" vai ser uma regra.

MEIHY
É verdade, hoje o vinho chileno, argentino, sul africano, australiano, bem como produtos de todos os lugares do mundo estão dispostos em nossos supermercados. E também passamos a exportar cada vez para o mundo todo.

BELLINO
E você, o que acha dessas mudanças? Historicamente o que pode acontecer com os crescentes deslocamentos humanos?

MEIHY
Em primeiro lugar temos que repetir sempre que o sentido da emigração hoje é diverso da experiência que vivemos no século XIX. Desde meados do século XX tudo mudou muito em termos de deslocamentos populacionais. As transformações motivadas pelo fim da Segunda Guerra Mundial foram determinantes no realinhamento das relações internacionais. Tudo foi ainda mais conseqüente depois do fim da Guerra Fria. Com a abertura política da ex-União Soviética e a queda do Muro de Berlim o mundo se abriu de maneira impressionante. Hoje o Direito Internacional é prova da necessidade de regulamentação do trato e/imigratório, visto que não há mais país sem a presença de oriundos de outros. Acho que historicamente, a perceber pela evolução, cada dia mais teremos que tornar relativo os sentimentos exageradamente nacionalistas e defensivos. Cuidados com o culturalmente aceito devem prevalecer, mas não em confronto com o progresso.

BELLINO
Cabe notar que as transformações se operam em conjunto em diferentes lugares do mundo. Há países que surpreendem como é o caso da China ou da Índia, mas temos também exemplos mais próximos, na América Latina. A questão da América Latina é particularmente interessante e gosto muito da palavra *reacomodação* para pensar nessas mudanças populacionais. É surpreendente ver como hoje em qualquer lugar do nosso continente, nas cidades pequenas ou nos mais escondidos interiores sempre encontramos alguém de outro país vizinho.

Meihy

Eu também me surpreendo quando vejo o número de bolivianos, paraguaios, argentinos em São Paulo, no Rio de Janeiro ou em outras cidades. Há mesmo um pacto de aceitação do estrangeiro, mais do que antes. Cria-se uma cultura de incorporação.

Bellino

Talvez seja por isso que estranhamos tanto a xenofobia e nos assustamos com a rejeição que sofrem alguns grupos em outros países. Do meu lado, acredito muito que o comércio será uma forma de neutralização dessas diferenças, pois a moeda é, em muitos casos, fator de aproximação e tolerância, pois, afinal, ninguém vai negociar com o inimigo.

Meihy

Ao longo da história a relação "trabalho X produção" tem sido ao mesmo tempo motivo de aproximação e convívio, mas também de diferença e submissão. Por certo, as leis internacionais, os tribunais de justiça social e as instituições de controle populacional atuam de forma mais eficiente hoje. Espera-se também um ajuste mais humanitário nas relações trabalhistas.

Bellino

Insisto na existência de uma nova cultura globalizada que seja a um tempo favorável às relações internacionais e respeite as diferenças regionais. Basta ver nos jornais, diariamente as denúncias de perseguições, assassinatos, exploração de mão-de-obra. Creio que o problema na magnitude da globalização ganhou argumentos internacionais.

Meihy

A troca de experiências internacionais é realmente importante para a definição do novo trato da questão e/imigratória, mas qual seria o fator de maior aproximação das partes?

BELLINO

Sem dúvida os ajustes éticos ou morais são importantes e estão acontecendo, mas eu diria sem medo de errar que os laços econômicos são eficientes e imediatos. Veja a questão dos envios de divisas, em especial no caso brasileiro.

MEIHY

É verdade, temos muita gente fora do Brasil e os dados chegam a assustar os menos avisados. Vejamos o que temos, em dados oficiais, em termos oficiais entre 2003 e 2006.

	2003	2006
Estados Unidos	713.067	998.094
Paraguai	310.000	359.873
Japão	269.256	256.740
Europa	291.816	432.767
América do Sul	111.705	323.354

Em números não-oficiais, mas muito mais realistas, a situação é ainda mais grave.

	2003	2006
Estados Unidos	713.067	998.094
Paraguai	310.000	359.873
Japão	269.256	256.740
Europa	291.816	432.767
América do Sul	111.705	323.354

BELLINO

Pois é, temos que aprender a respeitar esse contingente e realistamente ver em termos de negócios como otimizar essa experiência coletiva. São quase cinco milhões de brasileiros fora do Brasil e essas pessoas trabalham, produzem e têm rendimentos que são, muitas vezes, mal aproveitados e dispersos. Capitalizar isso, dinamizar esse montante de dinheiro é um desafio importante. Veja que não se trata apenas de pensar em negócios no mau sentido. Pelo contrário, saber ver neste conjunto de pessoas uma forma de ajudar, orientar aplicações, é apoiar o esforço deles.

MEIHY

E para isso é preciso que viremos a página amarga dos que apenas condenam os brasileiros – e tantos outros de vários países – que modernamente se aventuram na busca de melhores dias para si e seus familiares.

BELLINO

É exatamente porque uma das características dos brasileiros é a manutenção de seus laços familiares que se faz importante pensar em negócios que os mantenham juntos. Existem alguns modelos de empresas em outros países que articulam as partes. México, Colômbia e Equador já possuem empresas que atuam em comum, entre os países em que estão e os de origem.

MEIHY

Isso não deixa de ser explicado naturalmente, pois afinal, as aproximações ocorrem em outros níveis. Vejamos por exemplo, o crescimento das escolas de idiomas. Em todos os países do mundo há uma multiplicação saudável dessas entidades de ensino. O mesmo acontece em nível de divulgação cultural: cinema, música, exposições. É cabível, portanto, supor a dimensão dos negócios. Mas como isso se daria?

BELLINO

Os dados são impressionantes: segundo um estudo do Banco Interamericano de Desenvolvimento (BID), divulgado no final de novembro, só no ano 2002, os brasileiros que moram no exterior remeteram ao Brasil US$4,6 bilhões. Nos 10 primeiros meses de 2003, os investimentos de empresas estrangeiras no Brasil foram de US$9,1 bilhões. Ou seja, os brasileiros que moram nos Estados Unidos enviaram ao Brasil mais da metade dos dólares que todas as empresas estrangeiras investem no país. Com uma vantagem: *Não exigem subsídios oficiais, como isenção de impostos ou sessão de terrenos, como as empresas costumam exigir quando se instalam no país*, segundo Vladmir Goitia, em artigo publicado no jornal *O Estado de São Paulo* que conclui: *Esses dados do BID mostram claramente que os emigrantes latino-americanos não se esquecem de suas famílias nem de seus amigos*, e, sem dúvida esse pressuposto se aplica ao Brasil.

Meihy

Lembro-me de uma reportagem assinada por Fernando Canzian, enviado do jornal *Folha de S.Paulo* a Washington D.C., que escreveu: *Remessa dos EUA ao Brasil dobra em 3 anos*, no qual declara que *imigrantes legais e ilegais que vivem nos Estados Unidos enviarão cerca de US$30 bilhões neste ano aos países da América Latina, segundo estudo inédito do BID (Banco Interamericano de Desenvolvimento)*. Referindo-se especificamente ao Brasil afirmou o articulista: *Até o final de 2004, quase 20% desse total terá como destino o Brasil. Nos últimos três anos, os brasileiros dobraram o volume de remessas de dinheiro a seus familiares. O montante passou de US$2,6 bilhões em 2001 para US$5,2 bilhões no ano passado. As remessas ao Brasil em 2003 equivalem à metade de todos os investimentos estrangeiros diretos recebidos oficialmente pelo país no ano passado.*

Bellino

As projeções são espetaculares; veja os números projetados pelo Inter-American Development Bank sobre o envio de divisas para América Latina e Caribe em bilhões de dólares: 2002, US$20; 2003, US$40; 2004, US$60; 2008, US$80 e 2009, US$100.

Meihy

Realmente, é impressionante. Mas é preciso pensar que esse processo é geral. E não apenas dos Estados Unidos para o Brasil.

BELLINO
Sim é verdade. O que concretizamos é um experimento mais abrangente que envolve alguns dos principais países onde os brasileiros estão, não apenas do nosso continente, mas também da Europa.

MEIHY
Explique melhor como será a materialização deste negócio.

BELLINO
A idéia é ser um amplo negócio que envolva o maior número possível de pessoas. Para tanto criou-se um *pool* de empresas agregadas na chamada Casas Brasileiras, uma empresa voltada a orientar o brasileiro que trabalha no exterior, mas que mantém vínculos vivos com familiares e quer aplicar no Brasil.

MEIHY
Interessante, mas como se dará a participação dessas empresas?

BELLINO
Nossa proposta integra a rede Record Internacional, sócia da Casas Brasileiras, com uma participação de 10% na empresa que agrega 10% do Ponto Frio e 80% da Gold&Bell - companhia formada pelos empreendedores Ricardo Bellino e Samuel Goldstein. A Record atua como co-administradora e divulgadora dos serviços oferecidos pela empresa.

MEIHY
Creio que o segredo do sucesso estará na divulgação e na capacidade de abrangência do projeto.

BELLINO
Neste sentido estamos empenhados em sensibilizar o público interessado, criar um conceito cultural de aplicação adequada e viabilizar o negócio.

MEIHY
É um trabalho lento, não?

BELLINO

Lento em certa medida, pois creio na dinâmica natural dos negócios; com os meios de comunicação disponíveis pela rede Record o interesse será facilmente divulgado.

MEIHY

Tudo indica que é um negócio muito grande, não:

BELLINO

Contamos com um montante de US$8,5 milhões e para melhor difusão serão produzidos filmes educativos, novelas, músicas, comerciais e textos mostrando aspectos da vida e dos resultados do trabalho dos brasileiros fora do Brasil. Acho que o negócio será atraente porque contamos com a participação de empresas como Construtora Tenda, Microlins e Intermédica que, afinal, além de empresas reputadas oferecem negócios oportunos aos sonhos dos emigrantes. O projeto se coloca como um portal em que o brasileiro fora do Brasil compra ou financia bens, produtos e serviços que vão de eletrodomésticos à casa própria, tudo por cartão de crédito ou boleto bancário. Depois da compra, o produto escolhido é entregue no Brasil onde o imigrante determinar. No caso do imóvel, é possível fazer o pagamento da entrada e também das parcelas no exterior.

MEIHY

Ok. Resta desejar boa sorte...

BELLINO

De nossa parte, cabe apostar em um grande negócio, em um empreendimento que corrija as distorções e desajustes da atividade do emigrante brasileiro e ajude a proposta de uma orientação adequada para o esforço dessas pessoas. Tenho certeza também de que a adequação do Brasil no mundo globalizado será meta atingida.

Cadastre-se e receba informações sobre nossos lançamentos, novidades e promoções.

Para obter informações sobre lançamentos e novidades da Campus/Elsevier, dentro dos assuntos do seu interesse, basta cadastrar-se no nosso site. É rápido e fácil. Além do catálogo completo on-line, nosso site possui avançado sistema de buscas para consultas, por autor, título ou assunto. Você vai ter acesso às mais importantes publicações sobre Profissional Negócios, Profissional Tecnologia, Universitários, Educação/Referência e Desenvolvimento Pessoal.

Nosso site conta com módulo de segurança de última geração para suas compras.
Tudo ao seu alcance, 24 horas por dia.
Clique www.campus.com.br e fique sempre bem informado.

www.campus.com.br
É rápido e fácil. Cadastre-se agora.

Outras maneiras fáceis de receber informações sobre nossos lançamentos e ficar atualizado.

- ligue grátis: **0800-265340** (2ª a 6ª feira, das 8:00 h às 18:30 h)
- preencha o cupom e envie pelos correios (o selo será pago pela editora)
- ou mande um e-mail para: **info@elsevier.com.br**

ELSEVIER

Nome: _____
Escolaridade: _____ ☐ Masc ☐ Fem Nasc: __/__/__
Endereço residencial: _____
Bairro: _____ Cidade: _____ Estado: _____
CEP: _____ Tel.: _____ Fax: _____
Empresa: _____
CPF/CNPJ: _____ e-mail: _____
Costuma comprar livros através de: ☐ Livrarias ☐ Feiras e eventos ☐ Mala direta
                                    ☐ Internet

Sua área de interesse é:

☐ **UNIVERSITÁRIOS**
☐ Administração
☐ Computação
☐ Economia
☐ Comunicação
☐ Engenharia
☐ Estatística
☐ Física
☐ Turismo
☐ Psicologia

☐ **EDUCAÇÃO/REFERÊNCIA**
☐ Idiomas
☐ Dicionários
☐ Gramáticas
☐ Soc. e Política
☐ Div. Científica

☐ **PROFISSIONAL**
☐ Tecnologia
☐ Negócios

☐ **DESENVOLVIMENTO PESSOAL**
☐ Educação Familiar
☐ Finanças Pessoais
☐ Qualidade de Vida
☐ Comportamento
☐ Motivação

20299-999 - Rio de Janeiro - RJ

O SELO SERÁ PAGO POR
Elsevier Editora Ltda

CARTÃO RESPOSTA
Não é necessário selar

ELSEVIER

CORREIOS

Cartão Resposta
050120048-7/2003-DR/RJ
Elsevier Editora Ltda

Sistema CTcP,
impressão e acabamento
executados no parque gráfico da
Editora Santuário
www.editorasantuario.com.br - Aparecida-SP